A Bíblia Infantil Ave-Maria

Antigo e Novo Testamento

Textos de Silvia Bonzi e Maria Vago
Consultor teológico: Sergio Cattazzo
Ilustrações de Donata Montanari

EDITORA AVE-MARIA

© 2001 by P.P.F.M.C. (Padova)
ISBN: 88-250-0975-5 / 88-250-1186-5
© 2006 by Editora Ave-Maria. All rights reserved.
Rua Martim Francisco, 636 - 01226-002 São Paulo, SP - Brasil
Tel.: (11) 3823-1060 • Televendas: 0800 7730 456
editorial@avemaria.com.br * comercial@avemaria.com.br
www.avemaria.com.br

ISBN: 978-85-276-1133-6 (brochura)
ISBN: 978-85-276-1132-9 (cartonado)

Printed in Brazil – Impresso no Brasil

20ª reimpressão – 2025

Título original: *Il grande racconto della Bibbia*
Tradução: José Joaquim Sobral

Dados Internacionais de Catalogação na Publicação (CIP)
(Câmara Brasileira do Livro, SP, Brasil)

Bonzi, Silvia
A Bíblia infantil Ave-Maria: antigo e novo testamento / textos de Silvia Bonzi e Maria Vago; consultor teológico Sérgio Cattazzo; ilustrações de Donata Montanari; tradução José Joaquim Sobral. – São Paulo: Editora Ave-Maria, 2006.

Título original: Il grande racconto della Bibbia
ISBN: 978-85-276-1133-6 (brochura)
ISBN: 978-85-276-1132-9 (cartonado)

1. Bíblia - Literatura infantojuvenil
2. Histórias bíblicas - Literatura infantojuvenil
I. Vago, Maria. II. Cattazzo, Sergio. III. Montanari, Donata. IV. Título.

06-5738   CDD-028.5

Índice para catálogo sistemático:
1. Bíblia: História: Literatura infantojuvenil   028.5

Diretor-presidente: Luís Erlin Gomes Gordo, CMF
Diretor Administrativo: Rodrigo Godoi Fiorini, CMF
Gerente Editorial: Áliston Henrique Monte
Editor Assistente: Isaias Silva Pinto
Revisão: Marcia Alves dos Santos e Isabel Ferrazoli
Diagramação: Maycon Robinson de Almeida
Produção Gráfica: Carlos Eduardo P. de Sousa
Impressão e Acabamento: Vox Gráfica

A Editora Ave-Maria faz parte do Grupo de Editores Claretianos
(Claret Publishing Group).
Bangalore • Barcelona • Buenos Aires • Chennai • Colombo • Dar es Salaam •
Lagos • Macau • Madri • Manila • Owerri • São Paulo • Varsóvia • Yaoundé.

O Antigo Testamento

Adão e Eva

no paraíso terrestre
do livro do Gênesis, capítulos 2 e 3

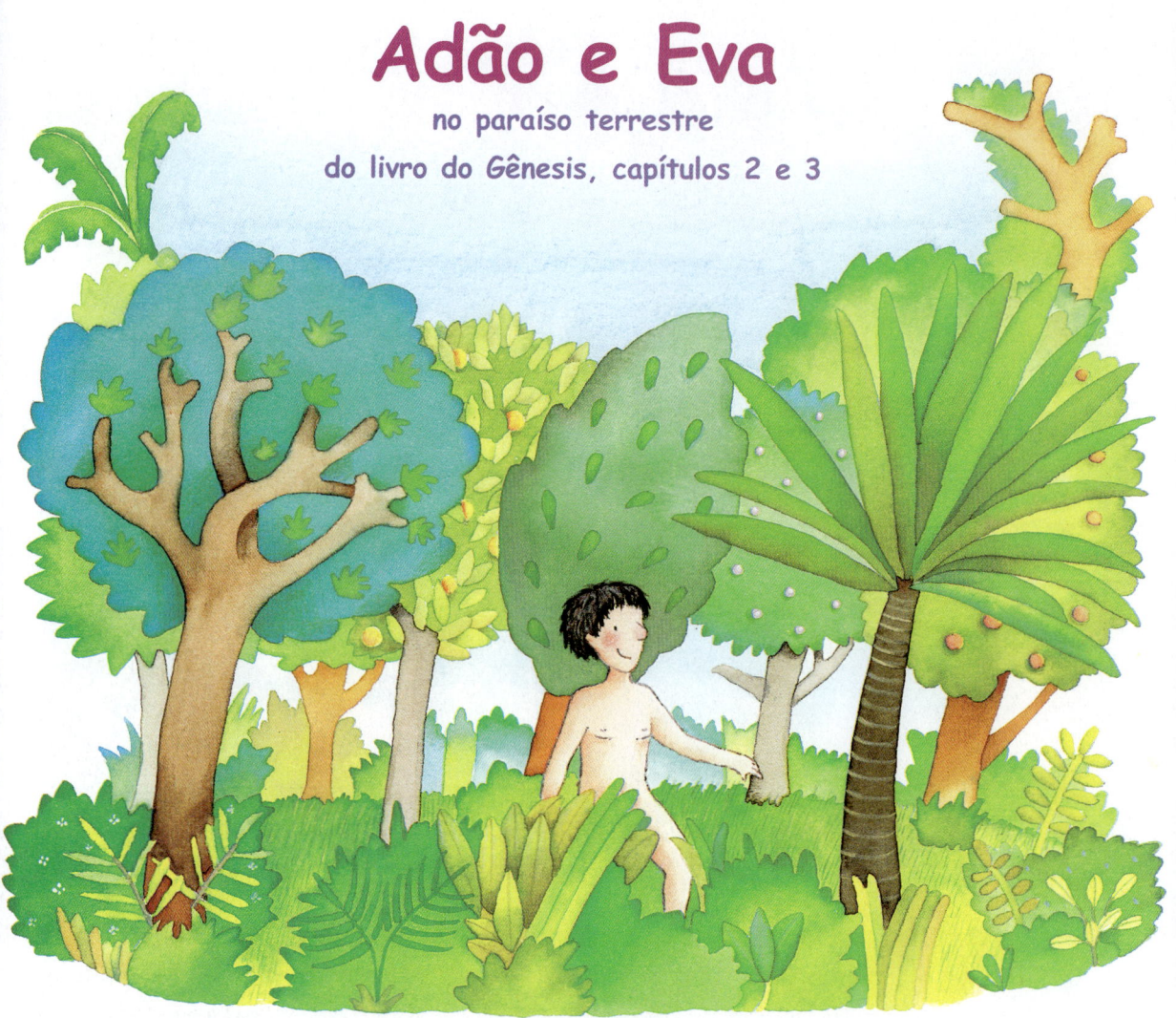

Depois que Deus fez o céu e a terra, decidiu que era tempo de criar o homem. Pegou um pouco de terra e modelou seu corpo; depois soprou nele o sopro da vida, e o homem se tornou uma criatura com vida.
O seu nome era Adão.
Depois Deus plantou um jardim, na região do Éden, com árvores de toda espécie e disse a Adão: – Cultive o jardim e coma os frutos das árvores; porém, não coma os frutos da árvore do bem e do mal que cresce no meio do jardim.

O jardim era belíssimo. Adão, porém, sentia-se sozinho. Deus concedeu a ele os animais que tinha criado e Adão deu a todos um nome. Mas ainda se sentia sozinho. Então Deus, enquanto Adão dormia, tirou dele uma costela e com ela formou a mulher: Eva.

Adão e Eva viviam felizes juntos. Andavam nus, mas não tinham frio; não brigavam entre si e não adoeciam nunca. Todas as tardes Deus passeava pelo jardim e ficava um pouco na companhia deles.

Um dia a serpente perguntou à mulher: – Por que Deus proibiu vocês de comer os frutos da árvore que cresce no meio do jardim?

– Se nós comermos, iremos morrer – respondeu Eva.

– Não. Ao contrário, vocês se tornarão como Deus – insistia a serpente.

Eva tomou um fruto da árvore do bem e do mal. Era gostoso. Ofereceu dele a Adão e ele também comeu o fruto.

Naquela tarde, quando ouviram os passos de Deus no jardim, Adão e Eva assustaram-se porque haviam desobedecido a ele e esconderam-se.
– Onde estão? Por que vocês se escondem? Por acaso comeram os frutos da árvore que está no meio do jardim? – perguntou Deus.
– A culpada é Eva! Foi ela quem ofereceu os frutos para mim – procurou desculpar-se Adão.
– A culpa é da serpente! Ela é que me enganou – disse Eva.
Então Deus expulsou Adão e Eva do jardim. Disse: – Precisarão trabalhar arduamente para conseguir o alimento, passarão por sofrimentos, adoecerão e depois morrerão. E os seus descendentes se desentenderão e moverão guerras uns contra os outros. E você – disse ele à serpente – irá se arrastar pela terra.
Deus fez para o homem e para a mulher vestes de pele e os expulsou. E colocou anjos para vigiar o jardim.

São Jerônimo, traduzindo a Bíblia para o latim, chama o jardim do Éden de "paraíso". Por isso, atualmente, dizemos que Adão e Eva viviam no **paraíso terrestre**.

Adão significa **homem**. Eva significa **aquela que dá a vida**. Quando Adão viu Eva pela primeira vez, exclamou: "Você é como eu, porque você é carne da minha carne".

Que fruto se desenvolvia na grande árvore do conhecimento do bem e do mal? A Bíblia não diz. Costuma-se imaginar que seja a **maçã**.

A Bíblia diz que Adão viveu **930 anos** e seu filho Set viveu 912 anos. Naturalmente são números simbólicos para fazer entender que tiveram uma existência muitíssimo longa.

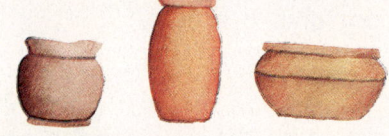

Deus moldou o homem como um **oleiro** que trabalha com a **argila**. A vida do homem é como um vaso que cada um pode encher com coisas bonitas e boas ou então com ações más.

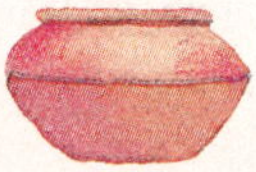

A **serpente** é o símbolo do mal. Prestando atenção à serpente, Adão e Eva rejeitaram Deus, recusaram a sua amizade. Os hebreus chamam a serpente de "o tentador".

Deus faz para Adão e Eva **duas túnicas de peles**. Isso significa que continua a cuidar deles mesmo que lhe tenham desobedecido.

Adão e Eva tiveram filhos: primeiro **Caim**, que cultivava a terra; depois **Abel**, que por seu turno era pastor. Caim tinha inveja de Abel e em um momento de fúria matou-o. Então Deus deu a Adão e Eva um outro filhinho: **Set**.

Noé e o dilúvio
do livro do Gênesis, capítulos 6 a 9

Depois que Deus criou Adão e Eva, os habitantes da terra começaram a multiplicar e tornaram-se cada vez mais numerosos. Entre eles existiam também pessoas más e prepotentes. Então Deus arrependeu-se de ter criado o homem e disse:
– Mandarei uma grande chuva para eliminar os homens da face da terra.
Porém, na terra, também habitava um homem justo e bom que se chamava Noé. Noé tinha três filhos: Sem, Cam e Jafet. Deus foi até Noé e disse a ele: – Eu criei o mundo e os homens, mas agora me arrependo de havê-los feito, porque os homens se tornaram maus e o mundo está cheio de violência. Decidi mandar um dilúvio que exterminará os homens, os animais e tudo o que se move sobre a terra. Todavia salvarei você e sua família.

Depois Deus explicou a Noé como deveria fazer para se salvar. – Construa uma arca – disse a ele – e prepare uma reserva de alimento para você e para os animais que subirão com você na arca.

Noé fez tudo o que o Senhor havia ordenado a ele. Construiu uma grande arca de madeira forte, cobriu-a com um teto e a revestiu com betume para que a água não penetrasse nela.

Quando a arca ficou pronta, levou para ela um casal de cada ser vivo, macho e fêmea, para que pudessem reproduzir-se.

Deus disse a Noé: – Entre na arca com a sua família, porque vi que entre todos os homens somente você é justo.

Então Noé entrou na arca com sua mulher, seus filhos e noras.

Depois de uma semana começou a chover.

Choveu sobre a terra durante quarenta dias e quarenta noites sem parar. Os rios encheram tanto a ponto de cobrirem as montanhas. Ninguém se salvou. Sobreviveram apenas Noé, sua família e os animais que estavam com ele na arca.
Finalmente parou de chover. Deus fez soprar uma brisa amena sobre a terra, as águas pouco a pouco foram baixando e a arca deteve-se sobre o alto de uma montanha.
Noé esperou quarenta dias, depois abriu a janela que havia feito na arca e deixou sair uma pomba. A pomba, porém, não encontrou lugar para pousar e voltou para ele. Passado uma semana, de novo Noé libertou a pomba. Quando, lá pelo entardecer, a pomba voltou, trazia no bico um raminho de oliveira. Então Noé exclamou: – Pois bem, as águas se retiraram e a terra está enxuta.

Noé saiu da arca com sua família e com todos os animais e agradeceu ao Senhor porque os tinha salvado.
Então Deus disse: – Não destruirei mais a terra; os homens a lavrarão e ela dará a vocês o alimento e sempre depois da noite virá o dia e depois do inverno frio virá a estação quente.
Deus abençoou Noé e os seus filhos e lhes disse: – Eu hoje faço com vocês, com seus descendentes e com todos os seres vivos uma aliança e afirmo que não mais mandarei o dilúvio para destruir a terra. Isso eu prometo.
Entre as nuvens apareceu o arco-íris. Então Deus disse a Noé: – Quando o arco-íris aparecer entre as nuvens, eu me recordarei da promessa que fiz, da aliança que firmei com os homens e com todos os seres vivos.

Muitos povos transmitiram a recordação de um dilúvio que, num passado muitíssimo distante, cobriu a terra. Do dilúvio se fala, por exemplo, na Epopeia de Gilgamesh, um antiquíssimo poema épico que narra os grandes empreendimentos do rei de Uruk, cidade que se erguia próxima do rio Eufrates, na Mesopotâmia.

Noé teve três filhos: **Sem**, **Cam** e **Jafet**. Deles são descendentes todas as raças dos homens. Cam é o pai dos povos que vivem na África. Sem é o pai dos que habitam a Mesopotâmia, a Síria e a Arábia. Os filhos de Jafet esparramaram-se pela área do mar Mediterrâneo.

Deus fez chover sobre a terra durante quarenta dias e quarenta noites. Muitas vezes se encontra na Bíblia **o número 40**: esse número não quer identificar um tempo exato, mas sim um período longo que num determinado momento acaba. Quarenta dias é muito tempo, mas não é para sempre! De fato Deus quer que o sol e a vida voltem a enriquecer a terra.

Quando as águas se retiraram, a arca se deteve sobre um **monte**: qual? A Bíblia não o identifica, mas diz que se encontra na região dos montes Ararat, uma área montanhosa da Turquia.

A arca tinha 150 metros de comprimento, 25 metros de largura e 15 metros de altura (ou seja, era comprida como doze vagões e tinha a altura de um edifício de cinco andares).
Dentro, ela era dividida em três planos.
Tinha uma porta e também uma janela, que podiam ser abertas ou fechadas.
Quem entrou nela estava salvo:
por isso **a arca é símbolo da Igreja**, na qual os batizados encontram a salvação eterna.

Noé mandou uma **pomba** para "explorar" a terra e quando a ave retornou para a arca com um **raminho de oliveira** no bico, Noé entendeu que a vida estava voltando a brotar na terra.
Por isso a pomba e o raminho de oliveira tornaram-se **símbolo da paz** que volta a reflorescer depois das destruições das guerras.

Também o **arco-íris** é símbolo da paz. Na Bíblia, de maneira particular, ele é **símbolo da aliança**, ou seja, do pacto de amizade que Deus estabelece com os homens, porque o arco-íris é uma ponte colorida que une a terra e o céu.

Abraão na terra prometida

do livro do Gênesis, capítulos 11 a 22

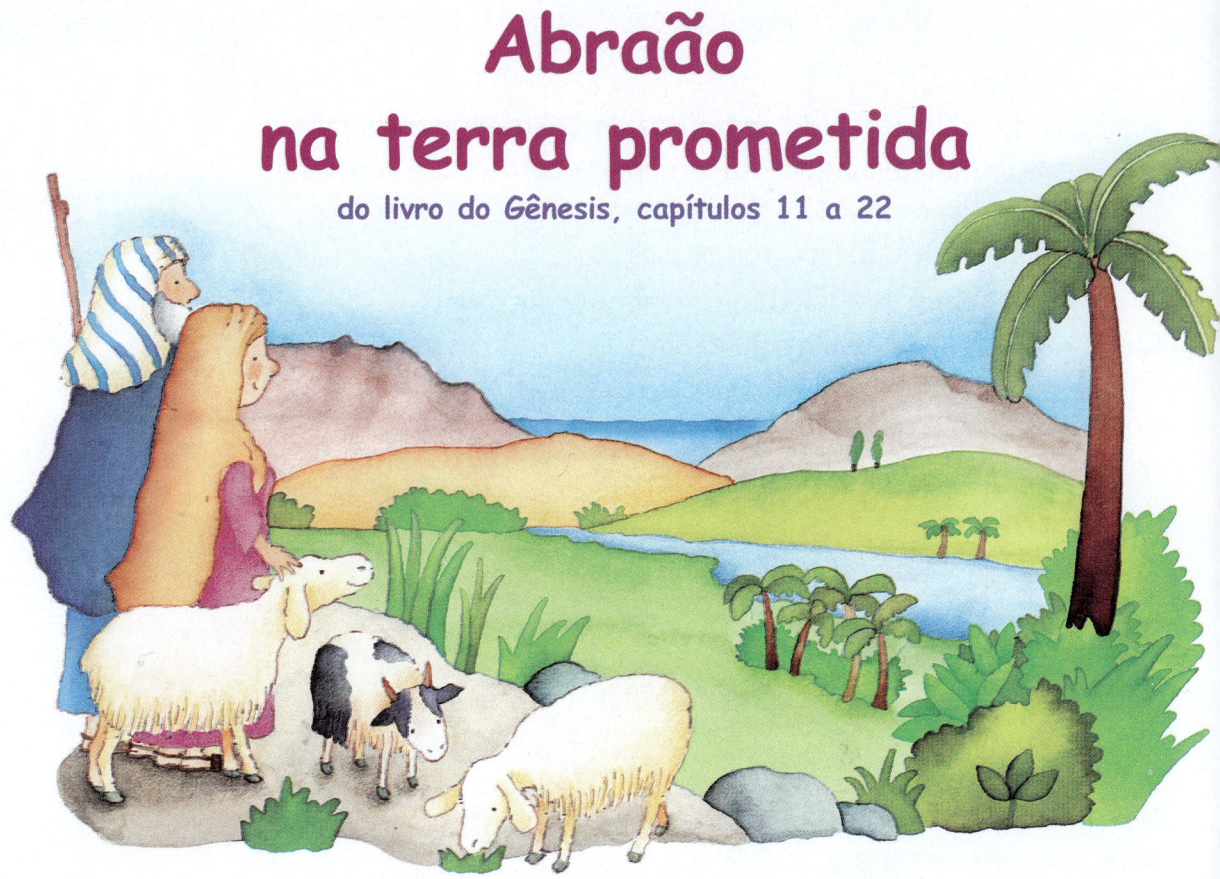

Abraão era um pastor e vivia na cidade de Ur com sua mulher Sara. Eram já de idade avançada e não tinham filhos.

Um dia Deus falou a Abraão: – Deixe a sua terra e a casa de seu pai e vá para o país que eu indicar a você.

Abraão fez como Deus havia pedido. Reuniu os seus rebanhos e partiu. Foi uma longa caminhada. Quando chegou ao país de Canaã, Deus disse a Abraão: – Levanta os olhos e olha ao redor. Eu darei a você a terra que vê, aos seus filhos, aos filhos dos seus filhos. Os seus descendentes serão tão numerosos que ninguém poderá contá-los, como não se podem contar os grãos de pó da terra ou as estrelas do céu.

Abraão, porém, perguntou a Deus: – Como é possível que isso aconteça, se até agora não tenho filhos?

Deus respondeu: – Sua mulher Sara vai dar a você um filho que se chamará Isaac.

Um dia, na hora mais quente depois do meio-dia, enquanto Abraão estava sentado diante da sua tenda, viu três homens em pé diante dele.
– Parem um pouco para repousar – disse. – Eu darei água para vocês lavarem os pés.
Depois Abraão pediu a Sara que preparasse pães e escolheu um vitelo, tenro e bom, para oferecer aos hóspedes.
Os três viajantes comeram sentados à sombra de uma árvore; depois disseram a Abraão: – No próximo ano voltaremos e então sua mulher terá um filho.
Sara, que estava na tenda e tinha escutado aquelas palavras, pôs-se a rir porque era muito idosa para ter um filho. Mas Deus disse: – Por que Sara riu? Pode existir algo que seja impossível a Deus?
Sara então teve medo e disse: – Eu não ri.
Mas Deus sabia que ela tinha rido porque não tinha acreditado.

Um ano depois, na primavera, Sara teve um filho e o chamou Isaac, que significa: "Deus sorriu".
Abraão fez uma festa e preparou um banquete para agradecer a Deus, que havia cumprido a sua promessa. Quando nasceu Isaac, Abraão tinha cem anos.
Isaac crescia forte e saudável. Era já um rapaz, quando Deus colocou Abraão à prova.
– Abraão! – chamou Deus.
– Estou aqui! – respondeu Abraão.
– Pegue o seu filho Isaac – disse-lhe – e vá ao monte que eu lhe mostrar. Ali oferecerá a mim em sacrifício o seu único filho a quem tanto amas.
Na manhã seguinte Abraão levantou-se cedo, preparou a lenha para o sacrifício e a colocou no lombo de seu asno. Depois chamou seu filho Isaac e dois servos e encaminhou-se com eles para o lugar que Deus lhe havia indicado.

Depois de três dias de caminhada, Abraão disse aos servos: – Fiquem aqui enquanto Isaac e eu subiremos ao topo do monte para adorar a Deus.
Abraão pegou a lenha e as brasas para acender o fogo. Isaac perguntou: – Meu pai, temos a lenha e o fogo, mas onde está o cordeiro para o sacrifício?
Abraão respondeu: – Deus pensará nisso.
Quando chegaram ao topo do monte, Abraão construiu um altar com pedras. Depois amarrou Isaac sobre o altar e pegou a faca para o matar. Então um anjo de Deus, do céu, o chamou: -- Abraão! Não faça mal a Isaac. Agora eu sei que obedece a Deus.
Abraão olhou ao redor e viu um carneiro. Pegou-o e o ofereceu em sacrifício no lugar de Isaac. E Deus lhe disse: – Por me haver obedecido, tornarei os seus filhos numerosos como as estrelas do céu e os abençoarei e abençoarei todos os povos da terra.

Ur se encontrava à margem do rio Eufrates, na Mesopotâmia. Era uma cidade antiga com grandes edifícios que tinham terraços, os **zigurat**.

Abraão acredita na palavra de Deus, que lhe promete torná-lo pai de muitos povos. Por isso é considerado **pai dos crentes** pelos hebreus, mas também pelos cristãos e pelos muçulmanos.

Sara, que por ocasião do anúncio dos três viajantes tinha dado uma risada de incredulidade, depois riu de alegria. O nascimento de **Isaac** fez todos felizes. Assim como o significado de seu nome, aquele menino é o **sorriso de Deus**.

Nos tempos de Abraão costumava-se sacrificar **animais**. Mas às vezes eram também sacrificados **seres humanos**. Por exemplo, antes de construir uma cidade imolava-se o filho primogênito para obter a aprovação dos deuses.

Abraão ofereceu alimento e repouso aos três viajantes. Ainda hoje entre os beduínos, os nômades que vivem no deserto, a **hospitalidade** é um dever fundamental.

Os três viajantes eram na realidade **mensageiros de Deus**. Segundo a tradição hebraica eram os **anjos** Miguel, Gabriel e Rafael.

O monte que Abraão e Isaac subiram é o **monte Sion**. Ali, muitos séculos mais tarde, seria construído o **templo de Jerusalém**.

Durante o sacrifício a vítima era imolada sobre o **altar** e depois era queimada, assim a fumaça que subia para o alto levava para Deus as oferendas. Por isso Abraão levou consigo a lenha e as brasas.

O sonho de Jacó
do livro do Gênesis, capítulos 25 a 33

Isaac, filho de Abraão, casou-se com Rebeca e teve dois filhos gêmeos: Esaú e Jacó. Esaú era muito corajoso e se tornou caçador. Jacó, ao contrário, era um rapaz tranquilo e se entregava ao pastoreio. Ao envelhecer, Isaac ficou cego. Um dia Isaac chamou Esaú e disse a ele: – Pegue o seu arco e cace para mim um animal selvagem. Depois prepare-me algo de bom para comer e eu abençoarei e deixarei para você em herança todos os meus bens.

Rebeca, que havia escutado aquelas palavras, correu a chamar Jacó, o seu filho predileto, e disse a ele: – Vá ao rebanho e pegue dois cordeirinhos que cozinharei para seu pai. Assim você receberá a bênção no lugar do seu irmão.

Jacó fez como lhe havia sugerido sua mãe. Depois se dirigiu a Isaac, que o abençoou pensando que fosse Esaú.

Quando Esaú voltou da caça e foi para junto de Isaac, descobriu que fora enganado e decidiu vingar-se. Rebeca então disse a Jacó que fugisse para o país de Harã, para junto de seu tio Labão.

Jacó pôs-se a caminho. Depois de muitas horas de caminhada, parou e adormeceu. Sonhou com uma escada que se elevava da terra até o céu, e os anjos de Deus subiam e desciam por ela. Enquanto sonhava, Jacó ouviu a voz de Deus, que dizia: – A terra sobre a qual você se deitou eu darei a você e aos seus filhos e os abençoarei.

Jacó acordou assustado: – Este lugar é santo – exclamou – porque aqui está Deus e eu não sabia!

Então ele se levantou, tomou a pedra sobre a qual havia repousado a cabeça e a levantou como um sinal para indicar que aquele lugar era sagrado. E chamou aquele lugar de Betel, que significa "casa de Deus".

Depois Jacó retomou o caminho para a casa do seu tio Labão. Chegando nos arredores de Harã, próximo de um poço viu Raquel, uma das filhas de Labão, e apaixonou-se por ela. Assim que Labão soube que Jacó havia chegado, correu ao seu encontro e conduziu-o para a sua casa. Jacó permaneceu em sua casa e pastoreava os rebanhos do tio.
Labão disse a Jácó: – Diz-me que recompensa você quer pelo seu trabalho.
– Eu o servirei por sete anos – respondeu Jacó – e depois casarei com Raquel.
Mas Labão disse: – No nosso país é costume casar-se primeiro a filha mais velha. Então Jacó casou-se com Lia, a primogênita das irmãs. Depois trabalhou para Labão outros sete anos para poder desposar também Raquel.
Jacó teve doze filhos: Rubem, Aser, Simeão, Levi, Judá, Dã, Neftali, Gad, Issacar, Zabulon, José e Benjamim.

Um dia Deus disse a Jacó: – Vá embora daqui e volte para o seu país. Eu estarei com você.
Jacó reuniu os seus rebanhos e partiu com Lia, Raquel e seus filhos. Uma noite, enquanto estava para atravessar uma torrente, apareceu um anjo que não queria deixá-lo atravessar. O anjo e Jacó lutaram até o amanhecer. – Larga-me, deixa-me ir – disse o anjo – porque está se aproximando o despontar da aurora.
– Antes deverá abençoar-me – respondeu Jacó.
O anjo o abençoou e acrescentou: – Não se chamará mais Jacó, e sim Israel, porque lutou com Deus e venceu.
Jacó retomou o caminho coxeando.
Quando Esaú soube que seu irmão estava voltando, foi ao seu encontro para se vingar. Então Jacó deu de presente ovelhas, cabras, asnos e camelos. Esaú aceitou os animais e os dois irmãos fizeram as pazes. Assim Jacó chegou são e salvo ao país de Canaã.

José e os seus irmãos

do livro do Gênesis, capítulos 37 a 50

Jacó tinha doze filhos, mas entre todos preferia José, por isso deu a ele de presente uma bela túnica de mangas longas. Os outros filhos ficavam com ciúmes. Uma vez José teve um sonho e o narrou aos seus irmãos: – Eu sonhei que estávamos no campo colhendo grãos. O meu feixe estava em pé no meio dos feixes de vocês que se dobravam diante do meu.

José sonhou também que o sol, a lua e onze estrelas se inclinavam diante dele. Os seus irmãos cada dia o odiavam mais.

Um dia Jacó disse a José: – Vá à procura dos seus irmãos, que levaram o rebanho a pastar, e depois volte para me dizer como estão.

Quando viram José chegando, os seus irmãos disseram: – Olhe! Vem aí o sonhador! Vamos matá-lo!

Mas um deles disse: – Não vamos matá-lo, mas colocá-lo nesta cisterna vazia.

Passou por ali uma caravana de mercadores que se dirigia para o Egito, e outro dos irmãos disse – Vamos vender José como escravo para estes comerciantes.

Para Jacó eles contaram que José tinha sido devorado por um animal feroz. Os comerciantes, chegando ao Egito, venderam José a Putifar, chefe da guarda do faraó. Depois de alguns anos, Putifar, que tinha muita confiança nele, o nomeou seu administrador e entregou nas mãos de José todos os seus bens. Mas a mulher de Putifar injustamente acusou-o ao administrador, e José acabou sendo colocado na prisão. Na prisão estava também o chefe dos copeiros do faraó, que teve um sonho muito estranho. José explicou o sonho. Quando depois o chefe dos copeiros saiu da prisão, José disse a ele: – Agora que volta a servir o faraó se recorde de mim.

O chefe dos copeiros, porém, esqueceu-se dele.

Passados dois anos também o faraó teve dois sonhos estranhos. Primeiro sonhou que sete vacas magríssimas comiam sete vacas gordas. E depois sonhou que sete espigas secas comiam sete espigas repletas de grãos. De manhã chamou sábios e adivinhos para que explicassem os dois sonhos, mas nenhum conseguiu. Finalmente o chefe dos copeiros lembrou-se de José e o mandou buscar. José disse ao faraó: – Deus indicou a você aquilo que está para acontecer. Os dois sonhos têm o mesmo significado. Avisam que virão sete anos de grande fartura no Egito. Depois, porém, virão sete anos de carestia. Por isso será preciso recolher nos celeiros grande quantidade de grãos como reserva para o tempo da carestia.

Então o faraó disse a José: – Você mesmo se ocupará disso e todos o obedecerão. E o nomeou vice-rei do Egito.

Durante a carestia, Jacó mandou seus filhos ao Egito para comprar grãos. Quando os onze irmãos chegaram diante de José, não o reconheceram, porque estava vestido à maneira egípcia. José, ao contrário, reconheceu a eles, mas não disse nada porque queria saber se estavam arrependidos daquilo que haviam feito. Por isso escondeu uma taça preciosa de prata na bagagem de Benjamim, o irmão menor, e o acusou de a ter roubado.
– Pode voltar para a casa de seu pai – disse José –, mas Benjamim será meu escravo.
Mas os irmãos suplicaram: – Fica com um de nós, no lugar dele. Se voltarmos sem ele, nosso pai morreria de dor, porque já perdeu um filho que amava muito.
Então José os abraçou e chorando disse: – Sou eu, José, seu irmão.
Depois mandou que fossem buscar o idoso Jacó e viveram todos juntos no Egito.

Somente as pessoas importantes vestiam uma **túnica com mangas longas**. Os outros filhos, por isso, estavam morrendo de inveja do presente que Jacó deu a José.

As **cisternas** eram buracos grandes e profundos cavados no terreno para recolher a água da chuva. Durante o verão estavam quase sempre vazias e secas.

Dava-se muita importância aos **sonhos**, porque se pensava que eles revelavam a vontade de Deus. Existiam também manuais que ensinavam a interpretar os sonhos.

Antes de explicar o sonho do faraó, José disse: **"É Deus quem dá a resposta"**. Só Deus, de fato, conhece o que acontecerá no futuro.

 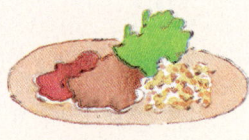

Na corte do faraó, o **chefe dos copeiros** tinha uma tarefa importante: provar tudo aquilo que o faraó bebia ou comia, para que ele não fosse envenenado.

O **faraó** era o soberano do Egito. Era muito poderoso. Os egípcios pensavam que não era um homem como os outros, mas uma divindade.

No Egito, Jacó e os seus descendentes se estabeleceram em Gessém, uma região rica em pastagens, porque **os hebreus eram pastores**.

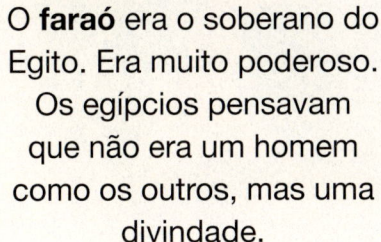 

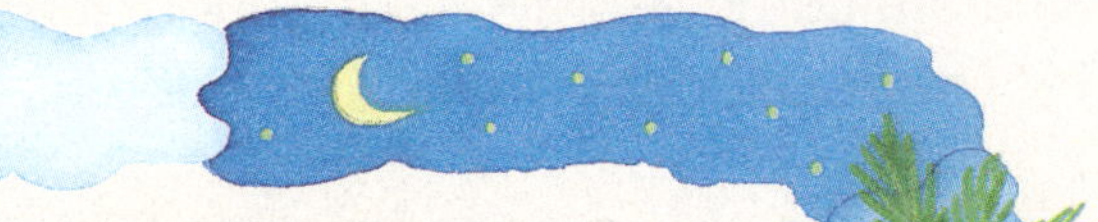

Antes de morrer, aos 110 anos, José disse aos seus irmãos que não permaneceriam para sempre no Egito, porque Deus os levaria para a **terra prometida** de Abraão.

Moisés liberta o seu povo

do livro do Êxodo, capítulos 1 a 13

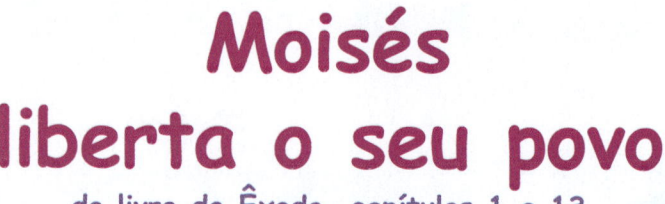

Os hebreus, que se haviam estabelecido no Egito, tornaram-se muito numerosos e o faraó tinha medo deles. Pensava: "Se acontecer uma guerra e se eles se unirem aos nossos inimigos, seremos derrotados".
Então ele os obrigou a trabalharem como escravos e ordenou que lançassem no rio Nilo todos os meninos recém-nascidos, para que os hebreus não tivessem mais descendentes.
Uma mulher hebreia, porém, colocou seu filhinho em uma cesta de papiro e deixou a cesta na margem do rio Nilo. A irmã do menino se escondeu ali perto. Quando a filha do faraó desceu ao rio para tomar banho, encontrou a cesta com o menino que chorava e se comoveu.
– É um menino hebreu – disse. – Eu vou chamá-lo Moisés e cuidarei dele como um filho.
A irmã do menino, que havia visto tudo, disse: – Se quiser, vou chamar para você uma hebreia para que o amamente.
E correu logo para chamar sua mãe.

Moisés vivia no palácio do faraó. Assim que se tornou homem, viu um egípcio que batia em um hebreu e matou o egípcio.
Quando o faraó veio tomar conhecimento disso, decidiu puni-lo. Então Moisés fugiu do Egito e refugiou-se na terra de Madiã. Ali viveu como pastor. Um dia, enquanto pastoreava o rebanho, viu uma moita de sarça que queimava, mas não se consumia. Moisés se aproximou cheio de curiosidade e então ouviu uma voz.
Era a voz de Deus que disse a ele: – Eu sou o Deus de Abraão, de Isaac e de Jacó. Vi o sofrimento do meu povo e quero libertá-lo da escravidão. Vá ao faraó e diga a ele que deixe partir os hebreus do Egito.
Moisés replicou: – Não vai me ouvir. Eu não sou capaz de falar bem.
Então Deus respondeu: – Seu irmão Aarão sabe falar bem: ele irá com você.
Moisés voltou para o Egito.

Moisés e Aarão falaram ao faraó, mas o faraó não quis ouvi-los. Ao contrário, ordenou que os hebreus trabalhassem ainda mais exaustivamente. Moisés então se lamentou com Deus: – Por que o Senhor pratica maldade para o meu povo?

Deus replicou: – Eu realizarei coisas grandiosas e convencerei o faraó a deixar vocês partirem.

Deus disse a Moisés para bater na água do Nilo com o seu bastão, e as águas se transformaram em sangue. Mas o faraó não quis deixar os hebreus partirem. Então Deus fez sair do rio muitíssimas rãs que invadiram o Egito. Mas ainda assim o faraó se recusava. Depois o Egito foi invadido por mosquitos e por moscas. Em seguida, Deus fez morrer o gado dos egípcios, mandou doenças, o granizo, que destruiu as colheitas, e os gafanhotos, que devoraram a erva. Depois fez descer sobre o Egito a escuridão durante três dias. Mas o faraó continuava obstinado.

Então Deus disse a Moisés: – Nesta noite morrerão todos os primogênitos dos egípcios, assim o faraó deixará vocês partirem. E acrescentou: – Cada família de hebreus pegue um cordeiro e o mate ao pôr do sol. Depois coma a carne assada sobre o fogo junto com pães sem fermento e ervas amargas. Com o sangue do cordeiro faça um sinal na porta da casa, assim, quando eu vier para punir os egípcios, verei o sangue na porta e passarei para além das vossas casas.

Moisés explicou aos hebreus o que deviam fazer e essa foi a primeira festa da Páscoa.

Naquela noite Deus fez como havia prometido, e em todas as casas dos egípcios houve gritos e dor. Finalmente o faraó deixou partir os hebreus. Deus caminhava diante deles: de dia, como uma coluna de nuvens para protegê-los do sol; de noite, como uma coluna de fogo para iluminar o caminho.

Os **escravos** hebreus deviam trabalhar duro. Transportavam pedras pesadas e fabricavam também os tijolos, amassando com os pés uma mistura de argila e palha.

A filha do faraó deu o nome de Moisés ao menino que encontrou na cesta, nome que significa **salvo das águas**.

Durante as inundações o rio Nilo torna-se vermelho porque transporta argila, mas o bastão de Moisés tingiu as águas quando a inundação já tinha acabado. Deus demonstrou que é **senhor da natureza** e, para punir o faraó, desencadeou contra o Egito muitas calamidades naturais.

Os magos egípcios dizem ao faraó: "Aqui está o **dedo de Deus**". Eles reconheciam que somente Deus pode realizar tais prodígios.

Moisés pediu a Deus que revelasse seu nome. E Deus respondeu: "Eu sou"; em hebraico, **Javé**. Os hebreus, porém, não pronunciavam esse nome, mas o substituíram por **Adonai**, que significa "senhor".

Aarão era o irmão mais velho de Moisés: tinha três anos mais que ele. Era o primeiro **sumo sacerdote** de Israel. O próprio Deus disse como deviam ser as suas vestes e os paramentos sagrados.

A sarça que queimava e não se consumia era um sinal da presença de Deus. Em muitas culturas Deus se manifesta como **fogo**.

A **Páscoa** hebraica é a festa em que os hebreus recordam a libertação da escravidão no Egito. Durante o banquete narra-se a história de Moisés e também se comem pães não fermentados e ervas amargas, ou seja, chicória, almeirão e raízes.

Os hebreus se colocaram a caminho para a terra que Deus havia prometido a Abraão e aos seus descendentes. Aguardava-os um **longuíssimo caminhar**.

Moisés recebe os mandamentos
do livro do Êxodo, dos Números e do Deuteronômio

Os hebreus puseram-se em marcha para a terra prometida. O faraó, porém, arrependeu-se logo de os ter deixado partir do Egito. Com seus carros, seus cavaleiros e os cavalos mais velozes colocou-se em perseguição aos hebreus.

Enquanto estavam acampados à margem do mar, os hebreus viram que os egípcios estavam chegando e tiveram medo. Começaram a gritar contra Moisés: – Era melhor para nós ser escravos no Egito do que morrer aqui no deserto.

Moisés disse: – Não tenham medo. Deus salvará vocês.

De fato Deus disse a Moisés: – Levante o seu bastão e estenda a mão sobre o mar. Moisés estendeu a mão sobre o mar e Deus fez soprar um vento fortíssimo que enxugou a água. Os hebreus passaram no meio do mar, a pé, enquanto a água formava uma muralha à direita e à esquerda. Depois Moisés estendeu de novo a mão sobre o mar e as águas se fecharam submergindo todos os egípcios.

O povo de Israel finalmente estava liberto.
As mulheres tomaram seus tamborins, começaram a dançar e todas se puseram a cantar: – Cantamos a Deus porque se mostrou grande. Lançou ao mar cavalo e cavaleiro.
Caminharam muito tempo no deserto. O sol era escaldante, começavam a ficar cansados e se lamentavam: – No Egito havia muito alimento, mas aqui quem nos dará alguma coisa para comer?
Naquela tarde Deus fez soprar, vindo do mar, um vento que fez cair por terra centenas de codornizes. Na manhã seguinte o solo do deserto estava coberto de uma coisa nunca vista: parecia geada, mas era uma farinha doce e nutritiva. Os hebreus chamaram-na maná e todos comeram dela de maneira farta. Mas o povo protestou ainda contra Moisés porque tinha sede. Então Moisés golpeou uma rocha com o seu bastão e dela saiu água fresca.

Depois de três meses de caminhada, os hebreus acamparam diante do monte Sinai. No terceiro dia uma nuvem cobriu o topo do monte e desencadeou raios e trovões, fumaça e fogo. Os hebreus tremiam de medo. Moisés subiu ao monte.

Deus falava com a voz do trovão. Disse ele: – Eu sou o Senhor, seu Deus, que o fez sair do Egito, o libertei quando era escravo. Dou a você meus mandamentos a fim de que instrua meu povo.

Moisés ficou na montanha quarenta dias e quarenta noites. Os hebreus cansaram de esperar por seu retorno. Foram a Aarão, seu irmão, e lhe disseram: – Faça para nós um deus que possamos ver e tocar.

Aarão recolheu todas as joias de ouro que o povo havia levado, fundiu e moldou a estátua de um bezerro. Colocou-a em cima de um altar, e o povo oferecia sacrifícios ao bezerro de ouro e festejava.

Quando Moisés desceu da montanha, viu o bezerro de ouro e enfureceu-se. Despedaçou as tábuas de pedra nas quais Deus havia escrito os mandamentos e queimou o bezerro.

Depois voltou para a montanha a fim de suplicar a Deus que perdoasse o seu povo. Então Deus disse: – Talhe duas tábuas de pedra e escreva novamente os meus mandamentos porque eu estabeleço uma aliança com este povo.

Os hebreus colocaram-se em marcha. Durante quarenta anos caminharam pelo deserto. Foi uma viagem cheia de perigos: encontraram povos hostis e precisaram combater; foram ameaçados por serpentes venenosas; muitas vezes não encontraram água. Deus sempre intervinha para salvar seu povo.

Finalmente, do alto do monte Nebo, Moisés viu a terra prometida que se estendia aos seus pés. Tinham chegado. Moisés, porém, morreu antes de entrar nessa terra. Contava então cento e vinte anos.

Os carros do Faraó eram puxados pelos cavalos mais velozes. Havia lugar para o condutor e para dois arqueiros. Na guerra eram invencíveis.

Moisés guiou o seu povo através do **deserto** desde o Egito até a Palestina.

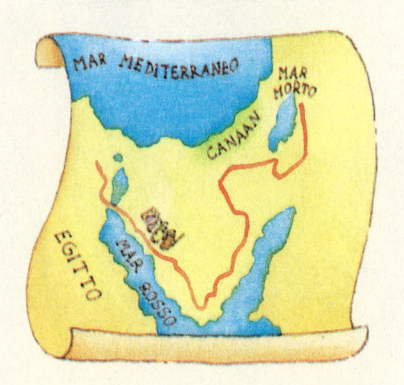

Os **mandamentos** são as "regras" que Deus dá ao seu povo. São dez. Estão escritos em duas tábuas de pedra, as tábuas da Lei. É uma lei simples que se resume assim: ame a Deus e a todos os homens.

O bezerro de ouro era um **ídolo**, um objeto adorado como se fosse Deus. Aarão escolheu um bezerro porque, assim como o touro, era um símbolo de força e de fecundidade.

Para manifestar a sua alegria, os hebreus **cantavam** e **dançavam** ao som de instrumentos como o tamborim, a harpa, a flauta, o chifre e os címbalos.

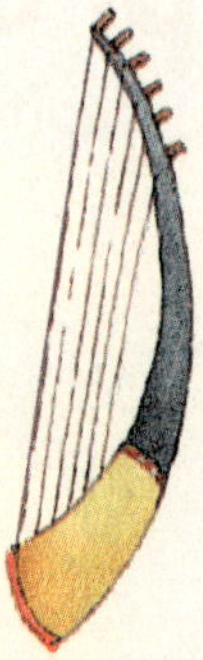

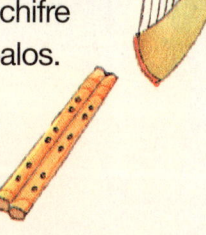

O **maná** tinha o sabor de um pão de mel. Os hebreus comeram o maná, recolhido de manhã, todos os dias durante quarenta anos! Isso enquanto permaneceram no deserto.

As **codornizes** passam sobre o deserto duas vezes por ano, durante a migração. Muitas caem na terra devido à fadiga do longo vôo.

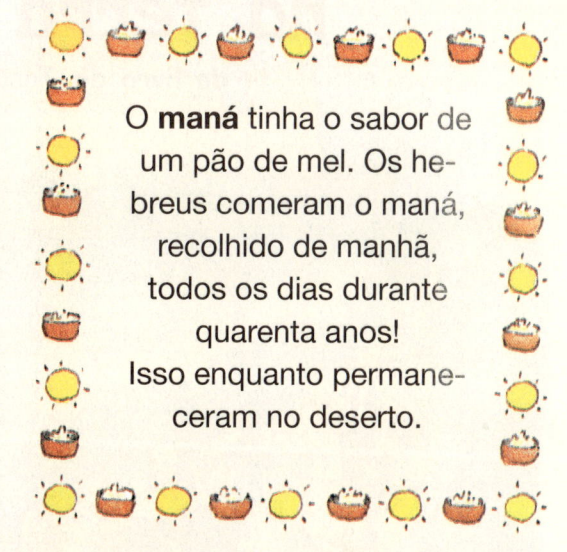

As novas tábuas da lei foram guardadas com cuidado dentro da **arca da aliança**: uma caixa de madeira revestida de ouro. Na arca Moisés colocou também um pouco de maná: o pão que Deus mandou do céu para nutrir o seu povo.

Deus fez uma aliança com seu povo, estabeleceu um pacto. Estará sempre ao lado dele e por ele fará prodígios. E Israel reconheceu que é o único Deus e obedecerá aos seus mandamentos.

O próprio Moisés havia escolhido Josué para ser seu sucessor **impondo-lhe as mãos**, isto é, invocando sobre ele o Espírito de Deus.

A água do rio **Jordão** dividiu-se, como já havia acontecido quando os hebreus atravessaram o **Mar Vermelho**, fugindo do Egito. Deus, que libertou o seu povo da escravidão, agora o conduz para a terra prometida.

É Deus quem explicou a Josué como devia fazer para conquistar Jericó. **Foi suficiente um grito** para fazer ruir as grandes muralhas, porque Deus ajuda o seu povo.

Depois de um longuíssimo caminhar pelo deserto, o povo hebreu pôde finalmente habitar na **terra prometida**. Durante muitos anos viveram em paz.

Sansão contra os filisteus

do livro dos Juízes, capítulos 13 a 16

Os israelitas já se haviam estabelecido há tempo na terra prometida, mas os filisteus continuavam a ameaçá-los. Então Deus escolheu entre o seu povo um homem que os livraria do inimigo: Sansão.

Sansão era fortíssimo. Uma vez, atacado por um leão, matou-o usando simplesmente as mãos.

Os filisteus procuravam de todas as maneiras capturá-lo, mas não conseguiam. Uma noite souberam que se encontrava em Gaza; então fecharam as portas da cidade e disseram: – Não pode escapar, de madrugada o mataremos.

Mas Sansão arrancou as portas, colocou-as sobre as costas e levou-as para o topo de uma montanha.

Sansão estava apaixonado por uma mulher filisteia chamada Dalila. Os chefes dos filisteus disseram: – Faz com que Sansão diga para você qual é o segredo da sua força. Se conseguir, receberá mil moedas.

Dalila foi tão insistente que Sansão revelou a ela o seu segredo.

Sansão disse para Dalila: – Antes de eu nascer, minha mãe prometeu ao anjo de Deus que ninguém jamais me cortaria os cabelos. Se alguém fizer isso, perderei toda a minha força.
Naquela noite, enquanto Sansão dormia, Dalila fez com que cortassem seus cabelos, recolhidos em sete tranças. Imediatamente Sansão perdeu toda a sua força. Dalila então chamou os filisteus que o prenderam e o lançaram no cárcere.
Um dia os filisteus se reuniram no seu templo para festejar e chamaram Sansão para se divertirem e rirem dele. Porém, nesse meio tempo, os cabelos de Sansão tinham crescido. Sansão orou: – Senhor Deus, lembre-se de mim. Torne-me forte uma última vez.
Deus escutou a sua oração. Sansão se apoiou nas colunas do templo e fez com que elas caíssem; e o templo desabou em cima dos filisteus. Sansão morreu junto com todos os seus inimigos.

Um **anjo** anunciou à mãe de Sansão que logo teria um filho. Exatamente como, muitos séculos depois, o anjo Gabriel anunciaria a Maria o nascimento de Jesus.

Desde criança **não foram cortados os cabelos de Sansão**. Os cabelos compridos eram sinal de sua consagração a Deus.

Na prisão, Sansão foi acorrentado a uma pesada **pedra de moinho**. Dia e noite, sem parar, tinha que trabalhar para os seus inimigos.

A **força** de Sansão na realidade não estava nos seus cabelos longos, mas na ajuda de Deus. Os cabelos logo voltaram a crescer, mas só quando invocou a Deus é que Sansão venceu seus inimigos.

Rute, a estrangeira
do livro de Rute

Em Israel houve uma grande carestia e Elimelec, um hebreu que morava em Belém, deixou sua terra e se mudou para os campos de Moab com sua mulher Noêmi e seus dois filhos Maalon e Quelion.

Alguns anos depois Elimelec morreu e a mulher permaneceu sozinha com os dois filhos, que se casaram com duas mulheres moabitas. Uma chamava-se Orfa e a outra Rute. Depois de cerca de dez anos morreram também Maalon e Quelion.

Então Noêmi decidiu voltar para Belém, e disse às noras: – Voltem para a casa de sua mãe. Vocês são jovens e podem casar de novo.

Orfa voltou para sua família, Rute, todavia, não quis se separar de Noêmi. As duas mulheres puseram-se a caminho e chegaram a Belém, no tempo em que se fazia a colheita da cevada.

Visto que eram muito pobres, Rute decidiu apanhar nos campos as sobras das espigas após a colheita.

Rute respigava nos campos que pertenciam a Booz, um parente de Elimelec. Booz disse a Rute: – Você deixou sua pátria e veio para junto de um povo que não conhece para não abandonar Noêmi. Deus a recompensará.
Depois de alguns dias, Noêmi disse: – Esta tarde Booz festejará o fim da colheita. Desce, pois, à eira onde dormem os ceifadores e deite-se aos pés dele.
Rute assim fez. Quando no meio da noite Booz acordou, Rute disse: – Estende seu manto sobre mim, porque você tem o direito de me resgatar.
Conforme a lei, de fato, quando um homem casado morria sem deixar filhos, como acontecera ao marido de Rute, um parente próximo do falecido tinha o dever de desposar a viúva. Então Booz casou-se com Rute. Um ano depois tiveram um filhinho, Obed, que se tornaria pai de Jessé, o futuro pai de Davi, rei de Israel.

Rute não quis deixar sozinha Noêmi, por isso disse: – O seu povo será o meu povo e o **seu Deus será o meu Deus**.

O evangelista Mateus, narrando o nascimento de Jesus, escreve uma longa lista dos seus **antepassados**, e entre eles colocou também Rute, uma estrangeira.

O homem que tinha o direito de **resgate** era um parente do falecido quando este não havia deixado filhos. Cumpria a ele desposar a viúva para dar descendência à família.

Respigar quer dizer: recolher as espigas que ficaram no campo depois da colheita. Faziam-no os estrangeiros, os órfãos, as viúvas, as pessoas mais pobres que não contavam com outros meios para viver.

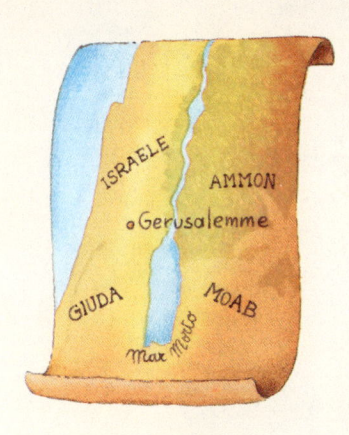

Rute era chamada a **moabita** porque veio de Moab, uma região que se encontra a leste do Mar Morto. Os moabitas eram um povo hostil a Israel.

Rute e Noêmi **viajaram a pé** e demoram muito tempo para chegar a Belém.

Noêmi cuidou do netinho e passava tanto tempo com ele que o povo falava: "Nasceu um filho para Noêmi".

Booz sente-se feliz por desposar Rute, porque compreendeu que é uma mulher boa e generosa.

Davi torna-se rei de Israel

do primeiro e segundo livros de Samuel

Os filisteus continuavam a ameaçar o povo de Israel. Para desbaratá-los, Saul, um jovem forte e corajoso da tribo de Benjamim, foi escolhido para ser rei. Durante quarenta anos ele combateu contra os inimigos do seu povo. Saul, porém, não obedecia às ordens de Deus. Então Deus ordenou ao profeta Samuel: – Vá a Belém, à casa de Jessé; entre seus filhos escolhi um outro rei.
Samuel foi à casa de Jessé, que apresentou a ele os seus filhos, a começar pelo mais velho. Mas nenhum deles era o predestinado.
Samuel perguntou: – Estão aqui todos os seus filhos?
Jessé respondeu: – Tenho ainda um, Davi, o menor, que pastoreia o rebanho.
Samuel o fez vir e o consagrou precisamente, ungindo-o com óleo: um dia, por ocasião da morte de Saul, Davi se tornaria rei de Israel. Davi tinha os cabelos ruivos e tocava muito bem a cítara.

Israel estava ainda em guerra contra os filisteus. Também os irmãos de Davi combatiam como soldados. Um dia Jessé disse a Davi: – Leve pão e queijo aos seus irmãos.

Quando chegou ao acampamento, Davi viu os dois exércitos prostrados um diante do outro e Golias, um soldado filisteu grande como um gigante, que avançava gritando. Desafiava os soldados de Israel e gritava: – Venha qualquer um de vocês para combater contra mim!

Ninguém, porém, tinha coragem de enfrentá-lo. Então Davi disse: – Combaterei eu contra ele. Deus me ajudará.

Não quis armas, mas tomou a sua funda. Quando Davi chegou diante de Golias, colocou uma pedra na funda e a atirou contra o gigante. Atingiu-o exatamente no meio da fronte e Golias caiu por terra. Então Davi cortou sua cabeça com a própria espada. Os israelitas gritaram de alegria, enquanto os filisteus fugiam.

Depois de ter matado Golias, Davi tornou-se escudeiro de Saul e desposou Micol, a filha do rei. Venceu muitas batalhas e todos admiravam a sua coragem. Saul, ao contrário, invejoso, procurava um jeito de matá-lo. Davi então fugiu para o deserto. Depois de uns poucos anos, quando Saul morreu, Davi foi coroado rei de Israel. Com o seu exército conquistou Jerusalém, que se tornou a capital do reino. Para ali fez transportar a arca da aliança. Um dia Davi pensou que não era justo que ele habitasse em um palácio enquanto a arca do Senhor estava abrigada em uma simples tenda, decidiu construir um templo. Porém Deus disse ao profeta Natã: – Diga ao meu servo Davi que não será ele quem vai construir uma casa para mim, mas seu filho. Porque eu tornarei grande a sua família: os seus descendentes reinarão para sempre sobre Israel.

Um dia, do terraço, Davi viu uma mulher belíssima tomando banho nas águas de um jardim e se apaixonou por dela.
– Como se chama? – Perguntou a um servo.
– É Betsabé, mulher de Urias, o chefe dos seus guardas – respondeu o servo.
Então Davi fez que ela viesse ao seu palácio e ordenou a Urias que partisse para a guerra. Quis que combatesse à frente de todos, para que os inimigos ferissem exatamente a ele. Urias morreu na batalha e Davi pôde desposar Betsabé. Deus porém mandou o profeta Natã dizer a Davi: – Por que agiu mal e não obedeceu aos mandamentos de Deus?
Davi reconheceu a sua culpa e arrependeu-se do que havia feito. Então Deus perdoou o seu pecado. Assim Davi reinou por muitos anos ainda. Betsabé deu a Davi um filho, Salomão, que se tornaria rei de Israel depois de seu pai.

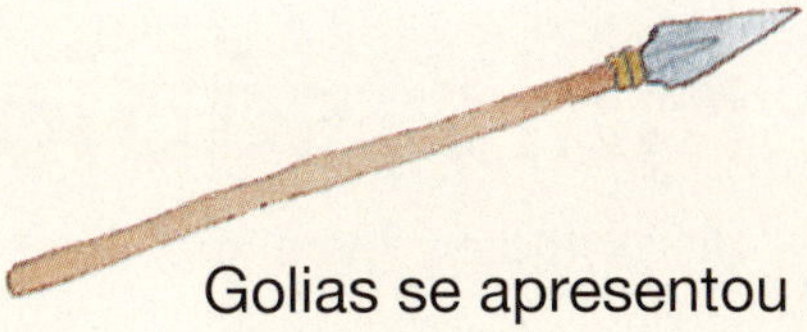

Golias se apresentou revestido de uma **couraça** com escamas, com um **elmo** de bronze na cabeça, um grande escudo e uma **lança** pesadíssima. Os filisteus eram muito hábeis em trabalhar com os metais.

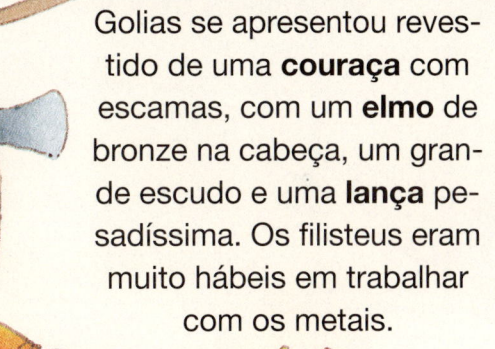

Davi era só um garoto e Golias era um guerreiro esperto e muito forte. Davi, porém, pôde contar com a **ajuda de Deus** e assim conseguiu derrotar o inimigo do seu povo.

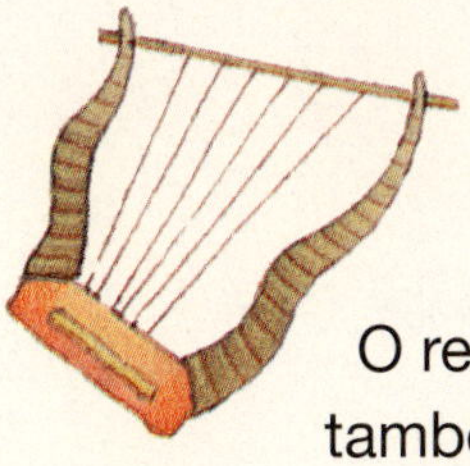

O rei Davi era músico e também poeta. Compôs orações belíssimas: os **salmos**, que cantava acompanhando com o som da cítara.

No tempo de Davi os reis de Israel podiam ter mais de uma mulher. Ter **muitas mulheres** era sinal de poder e de riqueza. Davi tinha sete delas.

Salomão, o mais sábio dos reis

do primeiro livro dos Reis, capítulos 1 a 12

Depois da morte de Davi, Salomão, um dos seus filhos, tornou-se rei de Israel. Uma noite, enquanto dormia, Deus apareceu para ele em sonho e disse:
– Peça-me o que quiser e eu darei a você.
Salomão respondeu: – Você me fez reinar no lugar de meu pai Davi. Eu, porém, sou ainda jovem e devo guiar um povo numeroso que não pode ser contado tão grande é ele. Dá-me a sabedoria, assim saberei escolher o bem, afastar o mal e governar com justiça.
Deus ficou contente com o seu pedido e disse: – Você não quer nem uma vida longa, nem a riqueza, nem a vitória na guerra. Eis, pois, que eu dou a você um coração sábio e inteligente como ninguém jamais o teve antes, nem o terá depois. E darei a você também o que não pediu: será rico e famoso e se tornará um grande rei, o maior de todos.

Um dia, duas mulheres compareceram diante de Salomão para pedir justiça. Moravam as duas na mesma casa e as duas tinham tido um filho, mas uma das duas crianças morreu. As duas mulheres brigavam pela criança viva e gritavam diante do rei:

– É minha! – dizia uma.

– Não é verdade, é minha! – dizia a outra.

Então Salomão ordenou: – Tragam uma espada. Cortem a criança pelo meio e deem a cada uma o seu pedaço.

Logo uma das duas mulheres lhe suplicou: – Não mate a criança, meu senhor. É preferível que seja dada à outra mulher.

Então Salomão entendeu que essa era a verdadeira mãe e entregou a ela a criança. Os israelitas admiravam a sabedoria do seu rei. Também os povos vizinhos respeitavam e temiam Salomão e nenhum deles declarou guerra a Israel durante o seu reinado.

Como Deus havia prometido a seu pai Davi, Salomão pôde construir o templo em Jerusalém. Mandou chamar talhadores de pedra e operários de todo o país e também dos países vizinhos. Depois de sete anos de trabalho, o templo foi terminado. Era uma construção enorme e magnífica, com muitas esculturas, todas recobertas de ouro. Quando foi terminado o templo, Salomão ordenou aos sacerdotes que transportassem a arca da aliança e todo o povo se reuniu e festejou. Salomão levantou as mãos ao céu e disse: – Meu Deus, eu construí para o Senhor uma casa onde pode habitar para sempre. Agora escuta a minha oração e não abandone nunca o seu povo. E Deus respondeu: – Visto que você foi fiel a mim, também eu serei fiel a você. Habitarei no meio dos israelitas e jamais abandonarei o meu povo.
Ao lado do templo, Salomão fez construir o palácio real.

Tendo ouvido falar da sabedoria de Salomão, também a rainha de Sabá quis conhecer o rei. Colocou-se em viagem e chegou a Jerusalém com muitos camelos que transportavam ouro, perfumes e pedras preciosas para oferecer como presente. Quando a rainha viu o magnífico templo e escutou as sábias palavras de Salomão, disse: – Feliz o povo que tem a você como rei, porque a sua sabedoria é grande e Deus o protege.

Passaram os anos. Salomão, já velho, não se manteve fiel a Deus porque, para dar ouvidos às mulheres estrangeiras, adorou a outros deuses.

Então Deus o puniu: depois de sua morte, seu filho Roboão herdaria só uma pequena parte do reino. De fato Israel se revoltou contra ele e só duas tribos o reconheceram como rei. Assim o reino se dividiu: no sul, o reino de Judá tendo à sua frente Roboão; ao norte, o reino de Israel tendo como chefe Jeroboão.

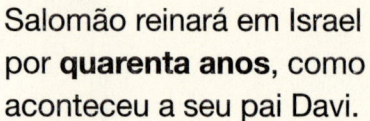

Salomão reinará em Israel por **quarenta anos**, como aconteceu a seu pai Davi.

Salomão tinha muitos irmãos e todos tramavam para subir ao trono no seu lugar. Mas depois todos precisaram reconhecer que ele era **o novo rei**.

Para construir o templo foi usada **madeira de cedro** que vinha do Líbano. Era carregada em navios e depois transportada para Jerusalém.

A arca da aliança permaneceu no recinto mais sagrado do templo até o ano 586 a.C., quando o edifício foi destruído pelos **invasores babilônios**. Então a arca foi perdida para sempre.

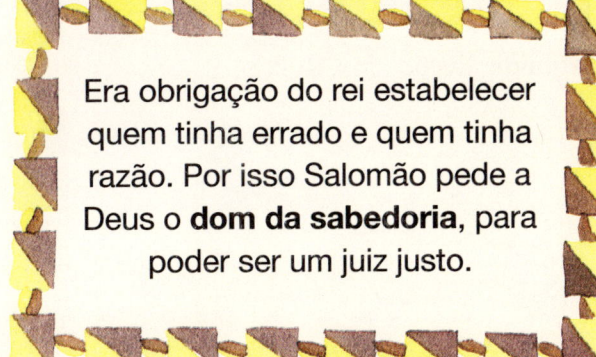

Era obrigação do rei estabelecer quem tinha errado e quem tinha razão. Por isso Salomão pede a Deus o **dom da sabedoria**, para poder ser um juiz justo.

Para poder governar bem, Salomão se cerca de **funcionários** e **ministros** que o ajudam na sua tarefa.

A sabedoria de Salomão era tão notável que vinham também reis vizinhos para escutá-lo. Salomão escreveu três mil **provérbios** e mil e quinhentas **poesias**.

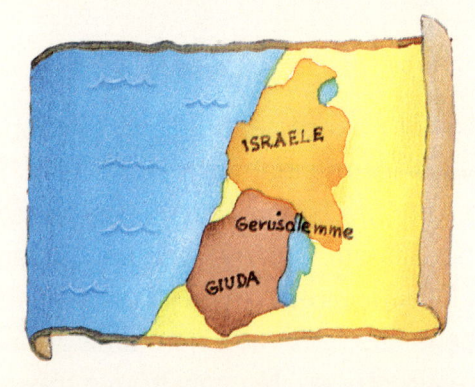

Jerusalém é a capital do **reino de Judá**. O reino é o menor dos dois, o "resto de Israel", do qual, porém, virá o Salvador Jesus.

Elias, o profeta de Deus
do primeiro e do segundo livros dos Reis

Elias era um profeta. Falava em nome de Deus e censurava quem não observasse os mandamentos que Deus havia dado ao seu povo. Censurou também Acab, o rei de Israel. Acab havia desposado Jezabel, uma princesa de Tiro, que mandou construir no país santuários para o seu deus, Baal. Também Acab adorava Baal. Elias dirigiu-se ao rei e disse: – Deus o castigará se continuar a adorar Baal e dos céus não cairá mais nem uma gota de chuva.

Assim aconteceu. No país houve três anos de seca e de fome. Elias refugiou-se no deserto para fugir de Acab que queria matá-lo. Bebia água de uma torrente e os corvos de manhã lhe traziam pão e de noite carne. Quando a torrente secou, Elias dirigiu-se a uma viúva muito pobre. Ela tinha somente um pouco de farinha e óleo, mas dividiu com o profeta.

Um dia Deus ordenou a Elias que voltasse a procurar Acab. Elias disse a Acab: – Chama os sacerdotes de Baal para o alto do monte Carmelo porque ali mostrarei a você quem é o verdadeiro Deus.
Chegando ao alto do monte, Elias ordenou aos sacerdotes que preparassem um altar para o sacrifício, mas que não fosse aceso o fogo. Depois disse: – O deus que mandar o fogo para consumir a oferta, esse é verdadeiramente Deus.
Os sacerdotes invocaram Baal em altos gritos, mas não houve fogo nenhum. Então Elias fez construir um novo altar e nele fez derramar muita água. Depois invocou Deus e logo desceu do céu um raio que consumiu o sacrifício.
Assim todos reconheceram o verdadeiro Deus.
Passaram os anos e Elias escolheu o jovem Eliseu como seu discípulo. Um dia, enquanto caminhavam juntos, apareceu um carro de fogo puxado por cavalos. Elias subiu no carro e desapareceu no céu.

A **viúva** que dividiu o seu pão com Elias não pertencia ao povo de Israel, mas era boa e generosa. Quando o seu filho morreu, Elias, para ser agradecido a ela, ressuscitou-o.

Para os fenícios Baal era um deus, mas na realidade era só um **ídolo**, isto é, uma estátua de bronze, de madeira ou de pedra feita por mãos humanas.

Elias escolheu Eliseu colocando sobre os seus ombros o seu próprio manto, sinal de que ele era um profeta. Também Eliseu se tornará profeta.

Quando Deus se revelou a Elias, não se apresentou como uma tempestade ou um terremoto, mas como o murmúrio de uma **brisa branda**. Deus não quer nos assustar, mas nos fazer ouvir a sua voz.

Jonas, o profeta rebelde

do livro de Jonas

Um dia Deus falou ao profeta Jonas: – Vá a Nínive e diga aos seus habitantes que eles se tornaram tão maus e que, se não se arrependerem, destruirei a cidade. Jonas se pôs em viagem, mas em vez de ir para Nínive embarcou para Társis, que estava do lado oposto. Então Deus desencadeou sobre o mar uma terrível tempestade. Os marinheiros assustados jogaram ao mar toda a carga para aliviar o barco. Jonas disse: – A culpa é toda minha. Deus mandou a tempestade porque eu desobedeci a ele. Lançai-me ao mar e a tempestade se acalmará.
Os marinheiros tentaram voltar para a margem, mas não conseguiram. Então lançaram Jonas ao mar, e logo o mar se acalmou. Um enorme peixe engoliu Jonas, que permaneceu três dias e três noites na sua barriga. Depois Deus ordenou ao peixe que o devolvesse na praia.

Pela segunda vez Deus ordenou a Jonas que se dirigisse a Nínive. Finalmente Jonas obedeceu e disse aos habitantes: – Dentro de quarenta dias Nínive, a grande cidade, será destruída.

Os habitantes da cidade escutaram-no e se arrependeram do mal que haviam praticado. Todos jejuaram e fizeram penitência. Então Deus os perdoou e não destruiu mais a Nínive. Jonas se enfureceu, porque pensava que Deus tinha sido bom e paciente demais.

Estava tão enraivecido que disse: – Quero morrer.

Deixou a cidade e sentou-se na montanha diante de Nínive para ver o que iria acontecer.

Deus fez crescer um pé de mamona para fazer sombra, mas no dia seguinte a planta secou. Jonas entristeceu-se muito por causa da morte da planta.

Então Deus disse a Jonas: – Você está triste porque viu morrer uma planta que nem mesmo foi você quem plantou. Como posso eu não me preocupar com Nínive e seus habitantes?

Nínive era a **capital da Assíria**, uma nação inimiga de Israel. Era uma grande cidade, com mais de 120.000 habitantes.

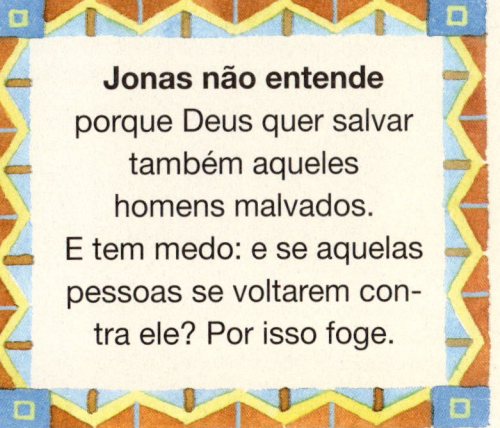

Jonas não entende porque Deus quer salvar também aqueles homens malvados. E tem medo: e se aquelas pessoas se voltarem contra ele? Por isso foge.

O nome Jonas significa "pomba", mas o profeta não é de fato manso como ela; pelo contrário, **é um tipo colérico e que se enfurece** até com Deus, porque segundo ele Deus é bom demais.

Deus quer a salvação de todos os homens, mas não só do seu povo. Cuida de todos: bons e maus.

Qual é o peixe que engoliu Jonas? A Bíblia não o diz. Deve ser um animal muito grande para engoli-lo inteiro: talvez fosse **uma baleia**!

Judite, uma mulher corajosa

do livro de Judite

O rei Nabucodonosor chamou Holofernes, o comandante do seu exército, e disse: – Ocupe o território dos meus inimigos, aprisione-os e saqueie as suas cidades.

Holofernes partiu e fez como tinha sido ordenado pelo rei. Quando conquistava uma cidade, derrubava o templo, porque todos os povos deviam adorar Nabucodonosor.

Todavia os habitantes de Betúlia, uma cidade da Judeia, não quiseram se entregar e defendiam a estrada que levava para Jerusalém, para deter a marcha do exército inimigo. Então Holofernes enfureceu-se, cercou a cidade e apossou-se das fontes de água, pois assim os habitantes morreriam de sede.

– Deus nos abandonou – diziam. – É melhor para nós tornar-nos escravos dos nossos inimigos do que morrer de sede.

Mas o seu chefe, Ozias, disse: – Esperemos ainda cinco dias, depois nos renderemos.

Em Betúlia vivia uma mulher de nome Judite. Fazia pouco tempo que ficara viúva. Era jovem e muito bonita e obedecia a todos os mandamentos que Deus havia dado ao seu povo. Quando Judite ficou sabendo do que Ozias havia dito, que depois de cinco dias iriam se render, mandou chamar os anciãos da cidade e disse:
– Por que ousam colocar Deus à prova? Confiemos nele, como fez o nosso pai Abraão, e Deus nos salvará.
Depois acrescentou: – Esta noite sairei com minha serva pela porta da cidade e vencerei o nosso inimigo.
Os anciãos escutaram as palavras daquela mulher corajosa. Depois Judite se colocou em oração: – Deus, a sua força não está no número. O Senhor é o Deus dos fracos e dos pequeninos. Ajuda-me, para que todos saibam que somente defende seu povo.

Depois Judite vestiu uma belíssima veste, perfumou-se e enfeitou-se com joias. Encheu um cesto de víveres, o confiou à sua serva e também um odre de vinho. As duas mulheres deixaram Betúlia e encaminharam-se para o acampamento de Holofernes.

Quando chegaram a ele, os soldados da guarda detiveram-nas e perguntaram quem eram.

Judite respondeu: – Sou uma hebreia, mas venho para dizer ao seu chefe como poderá conquistar o meu país.

Os soldados a acompanharam até a tenda do comandante, que ficou maravilhado pela beleza daquela mulher. Judite disse – Deus protege os israelitas, mas se eles pecarem serão abandonados e você poderá vencê-los. Deus me revelará quando isso vai acontecer e eu vou indicar a você, para que possa se apossar de Betúlia e também de Jerusalém.

Holofernes acreditou nela.

Depois de quatro dias, Holofernes ofereceu um grande banquete e convidou também Judite, porque já estava apaixonado por ela. Naquela noite bebeu tanto que se embriagou e caiu em sono profundo.

Os servos e os guardas saíram e Judite permaneceu sozinha com ele. Pegou-o pelos cabelos e cortou sua cabeça com a sua própria espada. Depois saiu da tenda e entregou a cabeça decepada à sua serva, que a escondeu na cesta, e juntas voltaram para Betúlia. Judite mostrou a cabeça de Holofernes aos anciãos e ao povo e todos ficaram maravilhados e gritaram: – Bendito seja Deus que derrotou os nossos inimigos. E você é bendita, Judite, entre todas as mulheres. A sua coragem será sempre recordada.

Quando de manhã os soldados descobriram que Holofernes estava morto, foram tomados de um grande medo e fugiram.

O **exército** de Holofernes era muitíssimo **grande**: havia nele cento e vinte mil soldados, mais de doze mil arqueiros a cavalo. Era um exército invencível.

Holofernes não entende porque os israelitas, que são um **pequeno povo**, não se rendem. Mas Aquior, um aliado seu, explica-lhe que Deus vem sempre em ajuda a seu povo e já o libertou do Egito. Ninguém, porém, acredita nele.

Holofernes está tão fascinado pela **extraordinária beleza** de Judite que nem se apercebe de que a mulher o está enganando.

Judite levou consigo **grão tostado**, **figos secos** e o **pão** preparado segundo o uso hebraico, porque não queria comer alimentos proibidos pela sua religião.

O nome Judite quer dizer **a judia**. Judite é o símbolo de todo o seu povo, fiel a Deus e confiante na sua ajuda.

Judite estava viúva há três anos e quatro meses. Desde então cumpria a ela cuidar dos bens que o marido lhe havia deixado. **Judite orava muito**, jejuava e vestia vestes pobres.

Toda noite Judite saía do acampamento para orar no vale. Por isso **os guardas não suspeitavam de que ela estivesse fugindo** e deixavam-na sair do acampamento.

Os israelitas festejaram a vitória com cantos e danças. Também Judite entoou um **canto**: "Louvai a Deus, grande e glorioso, que venceu os seus inimigos pela mão de uma mulher".

Daniel
na corte de Babilônia

do livro de Daniel

Quando Nabucodonosor conquistou Jerusalém, muitos hebreus foram deportados para Babilônia, a capital do seu reino. Entre eles estava também Daniel, que todavia havia decidido manter-se fiel aos mandamentos de Deus. Ele sabia interpretar os sonhos. Uma noite Nabucodonosor teve um sonho que muito o assustou. Sonhou com uma árvore carregada de frutos, tão alta que tocava os céus.

E um anjo ordenava que a cortassem, mas que não arrancassem o tronco e as raízes.

Imediatamente o rei chamou magos e adivinhos, mas nenhum deles soube dar a ele a explicação.

Então chamou Daniel que disse: – A árvore com que sonhou é o senhor, ó rei. O senhor se tornou forte e poderoso e acredita ser invencível. Deus o vai castigar: só quando reconhecer a sua grandeza é que poderá retomar o seu reino.

E assim aconteceu.

Poucos anos depois Dario tornou-se rei, que confiou a Daniel o governo do seu reino. Mas os ministros da corte estavam enciumados e procuravam um pretexto para o matar.
Um dia surpreenderam-no enquanto orava e correram logo a contar ao rei. Disseram: – A lei proíbe orar a um deus que não seja o senhor, ó rei. Quem desobedece deve ser lançado na cova dos leões. Dario ficou muito triste porque gostava muito de Daniel e procurou salvá-lo, mas não podia mudar a lei. Assim Daniel foi lançado na cova dos leões. No dia seguinte, o rei foi para perto da cova e chamou Daniel com um grande brado. E Daniel, que ainda estava vivo respondeu: – O meu Deus mandou um anjo que fechou a boca dos leões.
O rei alegrou-se e fez com que o tirassem para fora da cova. Depois ordenou que em todo o reino se honrasse o Deus de Daniel.

Junto com Daniel, foram chamados à corte do rei outros três jovens hebreus muito sábios. Os nomes deles eram: **Ananias**, **Misael** e **Azarias**. Visto que se recusaram a adorar os ídolos, Nabucodonosor ordenou que os atirassem na fornalha ardente. Mas as chamas não causaram mal algum a eles.

O rei teve um outro **sonho misterioso**: uma enorme estátua com a cabeça de ouro, o corpo de prata, ferro e bronze, os pés de argila. Depois uma pedra soltou-se da montanha e destruiu a estátua.
A estátua simbolizava os reinos da terra, que desmoronarão. Só o reino de Deus permanece para sempre.

Na corte, dentro de jaulas ou em grandes covas, estavam **leões**, que eram soltos quando o rei queria divertir-se a caçá-los.

Durante a sua vida, Daniel teve algumas **visões noturnas**. Em uma delas viu Deus sentado em um trono e um ser semelhante a um Filho de um homem, que representava Jesus, enviado por Deus para salvar todos os homens.

Isaías anuncia o Messias

do livro de Isaías, capítulos 1 a 12

Isaías era um profeta. Um dia teve uma visão. Viu Deus no templo, sentado em um trono, cercado pelos serafins, que cantavam: "Santo, santo, santo é o Senhor. A terra está cheia da sua glória". Isaías se espantou e disse: – Eu sou pecador, mas os meus olhos viram Deus!

Então um serafim tomou do altar um carvão em brasa e o colocou nos lábios de Isaías dizendo: – Deus cancela o seu pecado.

Depois Isaías ouviu a voz de Deus que dizia: – Quem mandarei para falar aos homens?

Isaías respondeu: – Eis-me aqui, mande-me.

Então Deus disse: – Israel me oferece sacrifícios, mas depois pratica o mal, por isso haverá guerras e devastações e poucos sobreviverão. Depois também estes serão abatidos, como uma árvore que não dá mais frutos. Mas do tronco brotará um rebento novo, um povo santo.

Nos tempos do rei Acaz, os arameus puseram-se a caminho para a conquista de Israel. O rei e todo o povo tremiam de medo, mas Isaías disse:
– Se vocês acreditarem, viverão. Deus nos dará um sinal da sua proteção: uma jovem mulher dará à luz um filho e o chamará Emanuel, que quer dizer "Deus conosco".

Acaz, porém, em vez de confiar em Deus, chamou em seu auxílio os assírios, que vieram com um grande exército, expulsaram os arameus, mas submeteram também os israelitas.

Isaías disse: – Deus esconde o seu rosto para a casa de Jacó. Sobreviverá só um pequeno resto fiel ao seu Deus. Então o povo que caminhava nas trevas verá uma grande luz. Será dado a nós um menino que reinará no trono de Davi para sempre. Será bom, sábio, justo porque sobre ele descerá o Espírito de Deus. Acorrerão a ele todos os povos da terra.

Na Bíblia existem no mínimo **três Isaías**. O primeiro viveu aproximadamente no ano 750 a.C., mas no seu livro depois foram inseridos os escritos de outros dois profetas, chamados de Segundo Isaías e Terceiro Isaías, que vieram muito mais tarde.

Os **serafins** são anjos resplandecentes como o fogo, cada qual com seis asas. Com duas asas voam, com outras cobrem o rosto e com as outras duas, finalmente, cobrem o corpo.

Quem é a jovem mulher que dará à luz um menino? Para o evangelista Mateus é **Maria**, **a mãe** de Jesus, que nasceu para trazer a paz, a alegria e a luz para todos os homens.

O **carvão** em brasa que o serafim coloca nos lábios de Isaías é um símbolo de que o profeta foi purificado e agora a sua boca pode proferir as palavras de Deus.

Para proferir as palavras de Deus, Isaías emprega **imagens**. Quando diz "Deus esconde o seu rosto", significa que Deus não protege mais o seu povo. Para explicar que chegará um tempo de justiça e de paz, diz "o lobo será hóspede do cordeiro, a vaca e o urso confraternizarão e suas crias repousarão juntas".

Pequeno Mapa da Terra Prometida

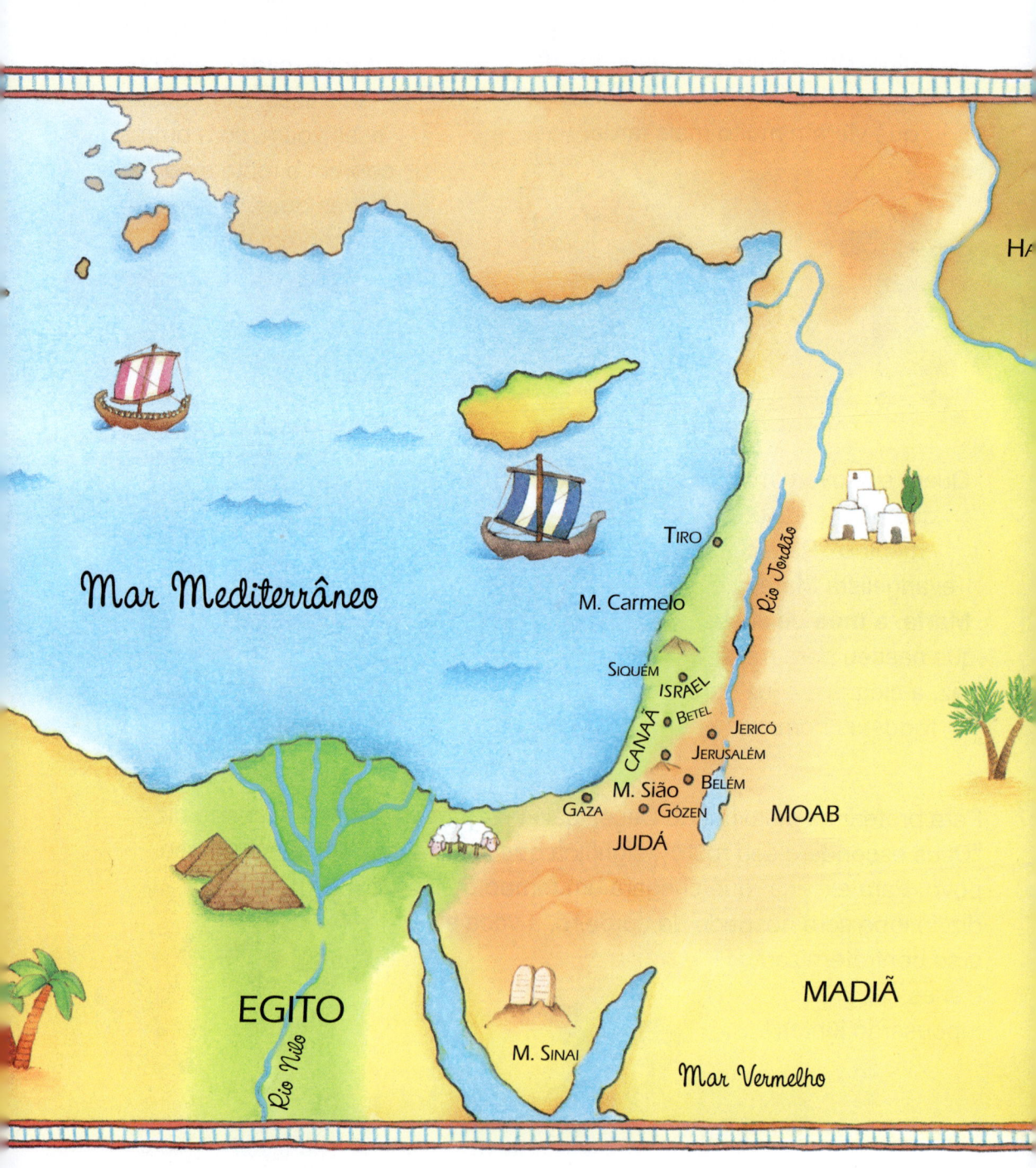

M. Ararat

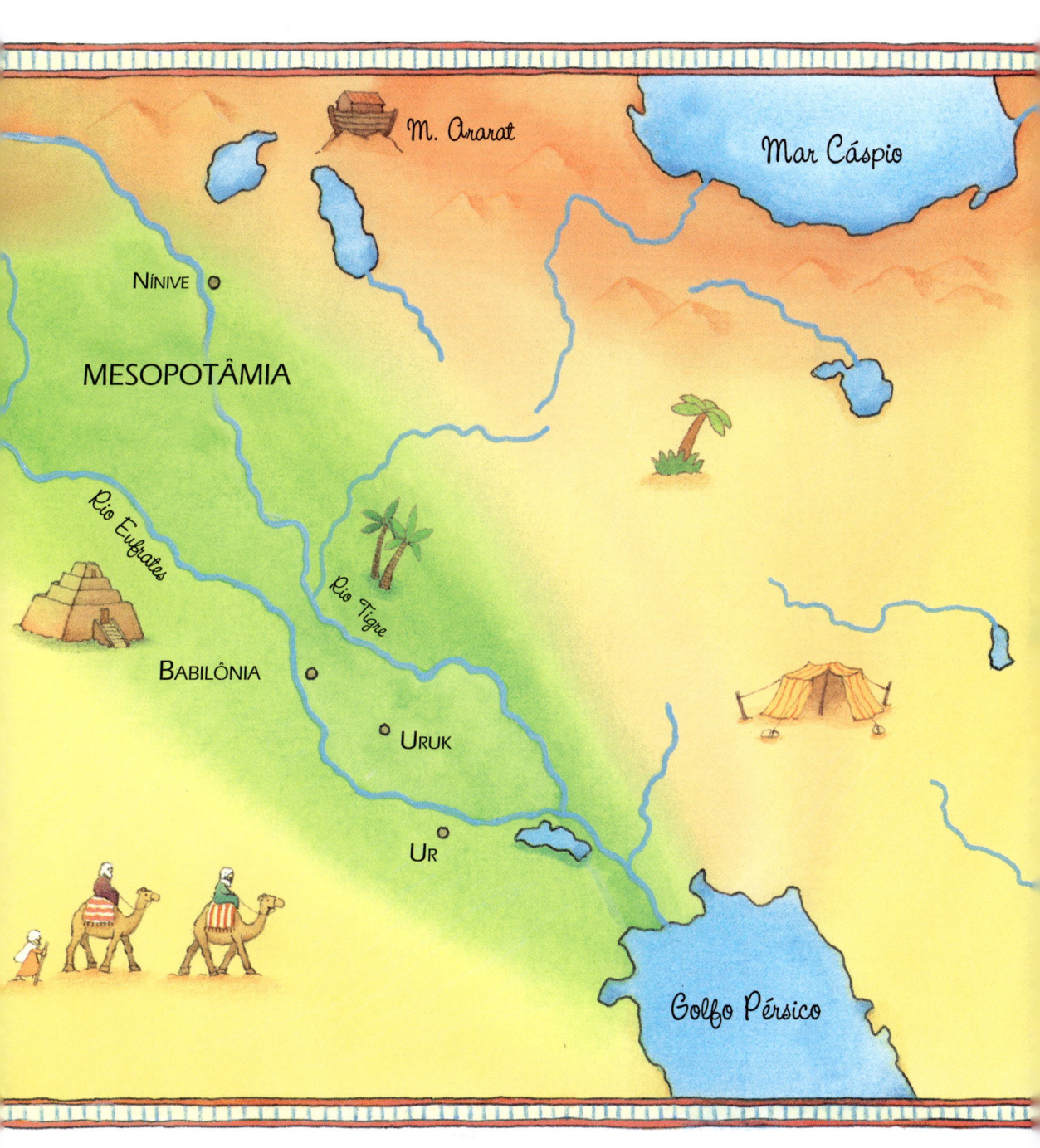

Mar Cáspio

Nínive

MESOPOTÂMIA

Rio Eufrates

Rio Tigre

Babilônia

Uruk

Ur

Golfo Pérsico

O Novo Testamento

Maria
do evangelho de Lucas 1,26-38

– Eu? Exatamente eu? – Perguntei assustada.
O anjo estava ali diante de mim resplandecente de luz.
– Ave, Maria. Alegre-se, ó cheia de graça – disse-me ele ao entrar em minha casa.
E acrescentou: – Você terá um filho. Ele será grande e reinará para sempre no trono de Davi. Você o chamará de Jesus.
– Como posso eu, humilde e simples, ser a mãe de um rei? Além disso, sou virgem! – respondi.
Devido à emoção e ao medo, meu coração tinha parado. E com ele tudo tinha paralisado.
Não ouvia mais o cantar dos passarinhos, nem o correr da água da fonte. O universo inteiro esperava a minha resposta.
Mas eu queria estar certa de que não era um sonho.
– O Espírito Santo descerá sobre você – explicou-me o anjo – porque aquele que nascerá é o Filho de Deus. Também sua prima Isabel, que já é velhinha, espera um filho: nada é impossível para Deus!
Ó, sim, nada é impossível para Deus! Então eu disse: – Sou a serva do meu Senhor. Aconteça em mim, pois, como você disse.

No entanto, as palavras que o anjo havia pronunciado eu não ousava nem mesmo repetir: eu me tornarei a mãe do Filho de Deus, o Messias! O meu povo aguarda-o há muito tempo. Os profetas haviam proclamado: de uma jovem nascerá o Salvador. Sou eu aquela jovem!
Quando abri a boca para proferir o sim do meu consentimento, senti que também o meu coração se escancarava, pronto para receber a criança anunciada pelo anjo.
Logo os passarinhos recomeçaram a cantar e a água da fonte escorria novamente cheia de alegria.
E ainda tudo canta de alegria ao meu redor. Gostaria de pôr-me a dançar pela estrada, tão feliz eu estou.
Mas estou também um pouco preocupada.
O que dirá José, o meu noivo, quando souber que espero um filho? Quem explicará isso para ele, que este menino é o Filho de Deus? Será que o anjo vai pensar nisso? E tem também Isabel, que está velhinha e cansada. Preciso logo ir para sua casa ajudá-la e levar a bela notícia: Deus vem habitar no meio de nós!

Ave é uma palavra latina que traduz uma palavra grega (o Evangelho de Lucas de fato foi escrito em grego) que significa: "Alegre-se, você é a cheia de graça".

Em Israel o pai é que dava o nome ao filho. Deus escolhe o nome do seu filho: Jesus, que quer dizer "Deus conosco".

Maria viveu em Nazaré, uma pequena cidade da Galileia. Tinha 14, talvez 15 anos de idade. Era noiva de José, o carpinteiro. Logo seriam celebradas as núpcias.

Quantas coisas aconteceriam na vida de Maria depois da visita do anjo! Coisas belas, mas também dolorosas e às vezes difíceis de entender. Maria conservava todas no seu coração. Muitos anos depois as contaria aos discípulos de seu filho e alguns as escreveriam em um livro, o Evangelho. Assim nós também ficamos sabendo sobre o nascimento de Jesus e sobre o tempo em que era criança.

Deus nos dá a liberdade de escolher se cumpriremos ou não a sua vontade. O sim de Maria mudou a história dos homens: naquele momento Deus veio habitar no meio de nós.

Zacarias e Isabel

do evangelho de Lucas 1,5-25 e 1,39-56

Naquele dia era a mim que cumpria oferecer o incenso.
Do altar subia uma leve fumaça, perfumada; depois tornava-se uma nuvem e enchia o templo. Ali no meio apareceu um grande anjo.
Eu me apavorei.
– Não tenha medo, Zacarias – disse-me o anjo. – Trago para você uma bela notícia: sua mulher Isabel dará a você um filho. Você o chamará de João.
– Eu sou velho e também Isabel envelheceu – repliquei suspirando.
O anjo tornou-se ainda maior: a sua voz como um trovão.
– Eu, Gabriel, falo com as palavras de Deus. Visto que não acredita em mim, você ficará mudo até que a criança nasça.
Da minha boca não saía mais som nenhum.

Quando meu marido Zacarias me contou (um pouco por gestos, um pouco escrevendo numa tabuinha coberta de cera) a respeito da visão que teve no templo, logo entendi que também para mim havia chegado o momento de me tornar mãe. Orei durante tantos anos pedindo só uma coisa: um filho. Eu já não esperava mais. Mas finalmente Deus me atendeu: dentro de mim eu sentia crescer uma nova criatura. Um dia vi entrar em minha casa minha prima Maria, cansada e empoeirada pela viagem.

– Bendita é você, que acreditou em Deus, e bendito é o seu filho! – exclamei abraçando-a. – Quando ouvi a sua voz, meu filho, dentro de mim, pulou de alegria, porque você traz no seio o Filho de Deus.

Então Maria se pôs a cantar, também cheia de alegria. Dizia: – A minha alma louva o Senhor, porque escolheu exatamente a mim, humilde e simples. Deus opera maravilhas para aqueles que nele têm confiança. É bom, é justo, defende os pobres e pune os soberbos. Deus salva o seu povo, Israel, como havia prometido aos nossos pais.

Maria permaneceu conosco três meses, depois voltou para Nazaré. Uma semana antes havia nascido o meu filhinho.

Depois de alguns meses aconteceu aquilo que o anjo Gabriel havia dito. Isabel deu à luz para mim um filho.

– Chama-o de Zacarias – insistiam os parentes.

Mas eu tomei uma tabuinha recoberta de cera e escrevi: "João é o seu nome", como me havia dito o anjo.

Então a minha língua se soltou, finalmente.

– Que será deste menino? – perguntavam-se as pessoas, maravilhadas pelos prodígios que acompanharam o seu nascimento.

Eu sei: será um profeta. Reconduzirá a Deus muitos filhos de Israel e preparará o caminho para o Senhor que vem.

O anjo mandado por Deus a Zacarias é Gabriel. Na tradição hebraica é um dos três anjos que estão sempre próximos de Deus, prontos a obedecer às suas ordens. Os outros são Miguel e Rafael.

Para uma mulher hebreia não ter filhos era uma grande infelicidade e ser estéril era vergonhoso. Isabel havia orado muito a Deus para que mandasse a ela um filho, mas já não estava mais aguardando por isso.

Isabel vivia na Judeia, ao sul. Seu marido Zacarias era sacerdote e uma vez por ano ia a Jerusalém, para o serviço no templo. A Galileia, onde se situava a cidade de Nazaré, ao contrário, ficava no norte. Para chegar até sua prima, Maria enfrentou uma longa viagem.

Quando nasceu João, dos lábios de Zacarias brotou um canto que também é uma profecia: "Bendito o Deus de Israel, porque é fiel à aliança que fez com seu povo. E você, meu filho, preparará o caminho para o Senhor, que vem trazer-nos a luz e a paz".

Os cristãos frequentemente oram a Maria repetindo as palavras de Isabel: "Bendita é entre as mulheres e bendito é o fruto do seu ventre".

O canto de Maria é chamado de "Magnificat", porque em latim começa assim: "Magnificat anima mea Dominum", isto é, "a minha alma engrandece o Senhor".

Os hebreus aguardavam com ansiedade que Deus mandasse o Messias para salvar o seu povo. Esperavam um rei poderoso ou um chefe guerreiro, com um grande exército. Deus, ao contrário, mandou uma criança. Os profetas haviam anunciado: "Os pensamentos de Deus não são como os pensamentos dos homens".

Onde Maria encontrou palavras tão belas?
Na Bíblia.
O seu canto é construído por frases e ideias que havia conservado no seu coração depois de tê-las escutado na sinagoga.
As mulheres hebreias não aprendiam a ler, mas iam à sinagoga e ouviam os escribas que liam e explicavam a Sagrada Escritura.

Um pastor
do evangelho de Lucas 2,8-20

Vi um anjo. Eram muitos, o céu estava cheio deles. Um, porém, vi muito bem, de pertinho, e ouvi as suas palavras. Ouvi muito bem.

Nós, os pastores, temos sempre os ouvidos muito bem abertos, especialmente de noite, para ouvir o respirar do animal feroz que quer dilacerar uma ovelha ou os passos dos ladrões que poderiam levar embora todo o rebanho.

– Não tenha medo – disse o anjo. – Anuncio para vocês uma grande alegria: hoje em Belém nasceu o Filho de Deus, o Messias, o Salvador! Vão depressa vê-lo: é um menino posto dentro de uma manjedoura. Os anjos que voavam no céu, por sua vez, proclamavam: – Glória a Deus! Paz aos homens!

Também os outros pastores que estavam comigo ouviram. Ficamos ali a olhá-los de cabeça erguida e com os olhos pregados no infinito, atentos, até que desapareceram, engolidos pela escuridão do céu.

Então logo nos encaminhamos para Belém. Estávamos curiosos. E também orgulhosos, porque Deus havia mandado os seus anjos exatamente para nós, os pastores.

As pessoas não nutrem por nós grande consideração e, costumeiramente, somos os últimos a tomar conhecimento das novidades.

Era exatamente como havia dito o anjo. Em Belém encontramos o menino dentro da manjedoura. Com ele estavam sua mãe e seu pai.

"E aquele ali seria o Salvador? O Messias?", pensei eu. Era de fato um menino como todos os outros meninos recém-nascidos, que parecem um pouco também cordeirinhos, porque os filhotes todos se assemelham.

Mas nós, as pessoas, nos sentíamos muito próximo daquela manjedoura! Tínhamos o coração cheio de paz. Nós todos lhe oferecemos alguma coisa: um pouco de leite, um queijo, uma manta, figos... aquilo que havíamos levado conosco. Como quando uma pessoa recebeu um presente e quer dar algo em troca.

Porque aquele menino é o presente que Deus deu aos homens. E antes de tudo aos pastores: louvores a Deus!

O imperador quer contar os seus súditos, por isso, de Roma, ele ordena o recenseamento. Cada um vai proceder ao registro do seu nome na cidade dos seus antepassados. José, que é da família de Davi, deve ir a Belém.

Devido ao recenseamento, as hospedarias estavam lotadas. Maria e José não encontram acomodação, por isso se alojaram em um estábulo e colocaram Jesus na manjedoura.
A palavra "presépio" significa exatamente "manjedoura".

Belém é uma pequena cidade nos confins do deserto de Judá. Exatamente ali, mil anos antes, havia nascido o rei Davi. Jesus é o novo rei prometido por Deus ao seu povo.

"Glória a Deus no céu e paz na terra aos homens que Deus ama", cantam os anjos. Jesus veio para trazer o amor e a paz para o coração dos homens.

Jesus, o bom pastor

Deus cuida dos homens como um pastor se preocupa com suas ovelhas. Jesus explicará isso contando uma parábola: Havia um pastor que tinha muitas ovelhas: uma centena! Um dia levou-as a pastar, como costumava fazer: ele as guiou para onde havia boa pastagem e depois as levou para a fonte para beberem água, e estava atento para que não se aproximassem os lobos e outros animais selvagens. Contou-as, para ter certeza de que não havia perdido nenhuma: 97... 98... 99!

Faltava uma! Havia se desgarrado: talvez estivesse machucada. O pastor deixou as noventa e nove ovelhas no deserto e voltou para procurá-la. E quando a encontrou, cansada e amedrontada, colocou-a sobre os ombros e voltou para casa contente e convidou os amigos para com ele festejar.

– Alegrem-se comigo – dizia – porque encontrei a minha ovelha que eu pensava ter perdido.

Jesus dirá de si mesmo: – Eu sou o bom pastor, que dá a vida por suas ovelhas.

Os Magos
do evangelho de Mateus 2,1-12

A estrela guiou o nosso caminho. Nós a vimos surgir e assim soubemos que tinha nascido o rei dos judeus: um rei poderoso, o mais poderoso de todos. Atravessamos desertos, montanhas e rios e chegamos a Jerusalém. Mas ali a estrela desapareceu.

Então nos dirigimos a Herodes e perguntamos a ele: – Onde está o rei recém-nascido? Viemos para adorá-lo.

Herodes não sabia de nada. Os sumos sacerdotes e os escribas consultaram os antigos livros e disseram: – De Belém sairá o chefe de Israel.

Belém não era muito distante.

– Quando vocês tiverem encontrado o menino – disse-nos Herodes –, façam com que eu saiba logo e eu irei também adorá-lo.

Nós nos pusemos imediatamente a caminho; novamente a estrela caminhava lá no alto acima das nossas cabeças: estávamos no caminho certo. A estrela se deteve sobre uma pequena casa. Esperávamos que fosse um palácio, um templo, algo de grandioso e rico. Mas naquela cidadezinha só existiam casebres e estábulos.

– Estamos verdadeiramente em Belém? – perguntamos.

– Em Belém, sim, na Judeia – respondeu-nos um pastor, que dava de beber ao seu rebanho perto do poço.

A estrela nos esperava pacientemente sobre a casa. Entramos.

O rei estava ali, nos braços de sua mãe.
Ofertamos a ele nossos presentes: ouro, incenso e mirra. A seguir nos ajoelhamos e o adoramos.
Um menino! Um menino pobre! No entanto, exatamente dele haviam falado sábios e profetas.
A estrela brilhava mais luminosa que nunca: a luz entrou na mente de cada um de nós e as Escrituras, que havíamos interpretado com dificuldade, tornaram-se simples, as misteriosas profecias mostraram-se claras e tudo estava no lugar certo, no universo.
O coração de cada um de nós transbordava de alegria e de paz. Não restavam mais dúvidas: tínhamos encontrado aquele que havíamos procurado durante tantos anos nos sinais das palavras, nos livros e nos caminhos do deserto. Podíamos já retornar cada qual ao seu país. Antes, porém, precisávamos avisar Herodes, como havíamos prometido. Mas um mensageiro de Deus veio ao nosso encontro em sonhos e nos disse:
– Não voltem por Jerusalém.
Então no momento de retornar, voltamos para nossas casas por outro caminho.

O Evangelho não diz, mas de acordo com a tradição, os magos são três reis e se chamam: Melchior, Baltasar e Gaspar, que é um rei de raça negra. A festa dos Reis Magos é a Epifania.

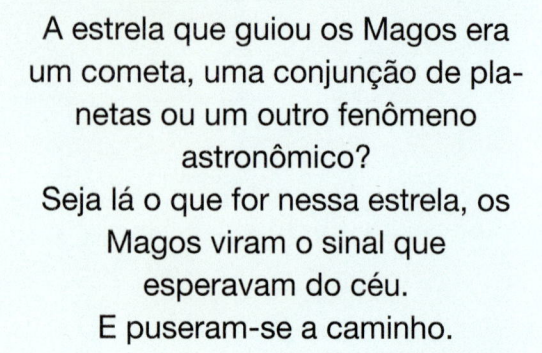

A estrela que guiou os Magos era um cometa, uma conjunção de planetas ou um outro fenômeno astronômico?
Seja lá o que for nessa estrela, os Magos viram o sinal que esperavam do céu.
E puseram-se a caminho.

O rei Herodes, que os Magos encontraram, é Herodes o Grande (não é o Herodes que vai processar Jesus, porque esse é Herodes Antipas). Tendo medo de que Jesus pudesse tomar o seu lugar, Herodes queria saber onde o menino se encontrava não para o adorar, mas sim para o matar.

Herodes o Grande reinou de 37 a 4 a.C.
Se Jesus nasceu no ano 1, os dados históricos não ficam de acordo.
De fato o monge Dionísio o Mínimo errou ao proceder a contagem que determinou o nascimento de Jesus como ocorrido alguns anos depois de Jesus já ter nascido.
Para o calendário esse erro de cálculo não é muito importante, e muito menos para os cristãos.

Deus fala aos Magos de muitas maneiras: por meio das Escrituras, da estrela, dos escribas, dos sonhos...
É preciso ficar atento para ouvir a voz do Senhor.

José
do evangelho de Mateus 2,13-23 e Lucas 2,41-52

Desta vez Jesus fez despertar em nós, em mim e sua mãe, muita preocupação e também um grande susto.

Tínhamos ido a Jerusalém para a festa da Páscoa e ele ficou lá na cidade. Nós só percebemos que ele não estava na caravana depois de uma jornada inteira de caminho, no momento de acamparmos. Nem os parentes o tinham visto. Refizemos todo o caminho de retorno a Jerusalém e durante três dias o procuramos por toda parte. Estávamos já sem esperança.

Eu esperava que o anjo viesse dizer-me o que devia fazer, mas os meus sonhos eram escuros como a noite. No terceiro dia Maria me disse:

– Vamos subir ao templo, para pedir a Deus que o traga de volta.

– Vamos – disse eu.

E Jesus lá estava, sentado no meio dos sacerdotes, que o escutavam e lhe faziam perguntas, maravilhados porque ele respondia a todas; e não entendiam de onde lhe vinha toda aquela sabedoria.

– Estávamos preocupados – disse Maria.

– Mas eu preciso ocupar-me com as coisas de meu Pai – respondeu ele.

O que quer ele dizer? Não entendo. Mas já estou habituado a não entender. Ou seja, a entender um pouco por vez aquele pouquinho suficiente para que eu possa fazer o que Deus quer que eu faça.

Ainda antes de nascer, Jesus trouxe para a minha vida mistérios e visões. Depois que Maria deu à luz, em Belém, eu dei ao menino o nome de Jesus, como me havia dito o anjo. A notícia do seu nascimento havia se espalhado e tínhamos sempre gente ao nosso redor: pastores, mercadores, viajantes. Até mesmo grandes sábios que vinham de longe exatamente para ver Jesus. Chamavam-no "o rei dos judeus" e inclinavam-se até o chão diante dele, todos contentes. Eu ficava olhando em silêncio, maravilhado. Eram tantas coisas que eu não entendia, perguntas que me faziam permanecer acordado de noite, a fixar o escuro; mas quanto mais eu pensava menos eu entendia. Quando finalmente o sono me trancava os olhos, chegava ele, o anjo do Senhor, para me tranquilizar. Era sempre ele, já o conhecia bem.
– Não tenha medo, José – repetia-me.
Eu, porém, sempre tinha um pouco de medo, é isso mesmo! Deus me havia confiado seu Filho, uma criança indefesa. Conseguirei protegê-la?

Alguns dias depois que os sábios voltaram para a sua terra, o anjo entrou uma outra vez nos meus sonhos.
– Toma o menino e sua mãe e foge para o Egito, depressa. Herodes quer matá-lo.
O Egito é distante! Felizmente, lá, um artesão hábil é sempre bem-vindo e não foi difícil encontrar trabalho.
Estava já pensando em me estabelecer no Egito para sempre, quando uma noite reapareceu o anjo:
– Volta para Israel, porque Herodes morreu.
Pode-se desobedecer a um anjo? Eis que novamente com os meus me pus a caminho. Já faz alguns anos que estamos vivendo novamente em Nazaré e estamos tranquilos.
Jesus já tem doze anos e me ajuda com a serra e com a plaina. É um garoto muito esperto e obediente. Todavia na Páscoa, em Jerusalém, deixou-me seriamente enraivecido.

São José é representado segurando em um dos braços Jesus Menino e com a outra mão um bastão florido.
Narra a história que José se tornou o esposo de Maria porque o seu cajado se cobriu milagrosamente de flores, ao passo que os cajados dos outros pretendentes permaneceram como simples pedaços de pau.

Para estar seguro de eliminar o seu rival, Herodes ordenou aos soldados que matassem todos os meninos de Belém que tivessem até dois anos. Jesus se salvou somente porque José o levou rápido para o Egito.

"Foge para o Egito!", disse o anjo em sonho, e José partiu naquela mesma noite. José foi rápido no escutar a voz de Deus e em fazer a sua vontade.

Como todos os meninos, Jesus cresceu rapidamente; não só em estatura, mas também "em sabedoria e graça", isto é, na mente e no espírito.

Todos os anos Jesus, José e Maria iam a Jerusalém para celebrar a Páscoa. Jesus ficou no templo, sem que ninguém o percebesse, quando completou doze anos. Nesta idade um garoto hebreu tornava-se praticamente adulto, isto é, maior de idade, por isso precisava obedecer a todos os preceitos da Lei.

Depois desse "susto" que pregou em seus pais, Jesus voltou para Nazaré com Maria e José e por muitos anos viveu com eles uma vida normal: brincava com os amigos, ia à sinagoga e orava, aprendia um ofício.

Escreve o evangelista Lucas: "O pai e a mãe de Jesus se admiravam das coisas que se diziam dele". José e Maria, às vezes, não entendiam, exatamente como nós, mas acreditavam na Palavra de Deus.

Para o evangelista Mateus, Jesus é exatamente o Messias de que se fala no Antigo Testamento. Por exemplo, diz que os profetas tinham predito: "Será chamado Nazareno".

João vestia uma simples túnica tecida com pelos de camelo, apertada com uma cinta de couro; alimentava-se de gafanhotos e mel silvestre.

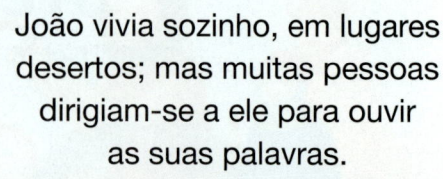

João vivia sozinho, em lugares desertos; mas muitas pessoas dirigiam-se a ele para ouvir as suas palavras.
– Chega de prepotência, chega de violência – diz. – E quem tem duas vestes dê uma a quem não tem.

Havia quem pensasse que João fosse o Messias.
"Não sou eu!", dizia João. Quando viu Jesus, exclamou: – É ele. Eis o cordeiro de Deus, que tira o pecado do mundo!

Jesus dirá que João Batista, isto é, aquele que batiza, é o maior dos profetas. Dele falam todos os evangelistas: Lucas, Marcos, Mateus e João. O evangelista João foi, inclusive, um discípulo de João Batista, antes de encontrar Jesus.

As palavras de João eram um tanto misteriosas. Queriam dizer que depois da vinda de Jesus não seria mais necessário sacrificar cordeiros e outros animais, porque Jesus se ofereceria a Deus por todos os homens, uma vez por todas, na cruz.

Herodes, irritado pelas censuras de João, trancou-o na prisão e depois faz com que cortem a sua cabeça.

Pequeno mapa da Palestina

André
do evangelho de João 1,35-40 e 2,1-12

Vi Jesus pela primeira vez na margem do Jordão. Tinha sido batizado por João e logo depois o céu se abriu e uma voz forte como o trovão disse: – Eis meu Filho!
Era a voz de Deus. Corri atrás dele.
– O que você quer? – perguntou-me Jesus.
– Onde mora? – perguntei eu a ele.
– Vem e verá – respondeu-me.
Eu o segui, e daquele dia não mais o abandonei, porque é ele o Messias que o meu povo aguarda há tanto tempo. Ninguém fala como ele. Quando entramos nas cidades (não sou o único que o segue, somos já um belo grupo), o povo nos olha com suspeita.
Mas depois Jesus começa a falar e a sua voz vai diretamente aos corações e lhes leva luz, alegria, paz...
Então homens e mulheres pedem a ele conselhos e palavras de esperança; há quem lhe peça milagres.
Também eu esperava sempre ver um milagre, porque não tinha dúvidas de que Jesus podia fazê-los de maneira extraordinária. Só que o primeiro milagre que vi foi tão pequenino que ninguém o teria percebido.

Aconteceu em Caná, na Galileia. Fomos convidados (Jesus, Maria, sua mãe, e nós, seus discípulos) para um casamento. Tínhamos comido, cantado, bebido... talvez até um pouco demais. Maria percebeu que o vinho tinha acabado.
– Os esposos vão ficar envergonhados – sussurrou para Jesus. – Faça alguma coisa.
Ele respondeu: – O que é que me pede? Ainda não chegou o momento de entrar em ação.
Mas ela chamou os servos e disse: – Façam tudo o que meu filho disser a vocês.
Estavam ali num canto seis potes de pedra vazios, porque a água tinha sido usada para lavarem-se antes do banquete.
– Encham-nas de novo com água – ordenou Jesus. – Depois levem para a mesa.
Os servos obedeceram e dos potes de pedra saiu vinho! Melhor do que aquele que haviam bebido antes.
– Sim, é o Filho de Deus. Agora acredito! – exclamei eu.
Nós, homens, somos feitos assim: para acreditar temos a necessidade de sinais que possam ser vistos e tocados. Desde então vi muitos outros milagres. Vi cinco pães de cevada e dois peixinhos saciarem cinco mil pessoas e ainda sobraram cestos cheios. Tive em minhas mãos aqueles pães e aqueles peixes; tinham-me sido dados por um rapaz e não havia mais nada. Vi leprosos curados e coxos pularem de alegria. Porém, os milagres maiores Jesus os faz dentro do coração do povo.

Foi Maria quem percebeu que não tinha mais vinho. Maria viu de que coisas os homens tinham necessidade e intercedeu por eles, isto é, convenceu Jesus a ajudá-los.

O vinho novo que Jesus ofereceu aos convidados é o símbolo da boa-nova que veio trazer a todos os homens, para encher de alegria o coração deles. Evangelho, em grego, significa exatamente "Boa-Nova".

Santo André é o padroeiro da Rússia.

Segundo a tradição, o apóstolo André pregou o Evangelho na Grécia e ali foi martirizado. Foi crucificado em uma cruz com a forma de um x: essa é precisamente a cruz de Santo André.

Jesus chamou André para que o seguisse junto com o seu irmão Simão, depois chamado de Pedro. Os dois eram pescadores. "Segue-me", disse Jesus, "e farei de vocês pescadores de homens".

Os doze apóstolos

Jesus escolheu entre os discípulos 12 pessoas que permanecessem sempre com ele, para conhecê-lo bem e escutar as suas palavras. Assim poderiam contar a todos o que o seu Mestre disse e fez no meio do povo da Palestina.
Ali escolheu, depois de uma noite de oração, Simão, que depois passou a se chamar Pedro.
Seu irmão André também era pescador.
Tiago e seu irmão João, que foi o único que teve a coragem de permanecer aos pés da cruz durante a Paixão de Jesus.
Filipe, que era de Betsaida, como Pedro.
Bartolomeu, um estudioso da Bíblia.
Tomé, que não acreditou na ressurreição enquanto não viu Jesus com os seus próprios olhos.
Mateus que, antes de encontrar Jesus, trabalhava como cobrador de impostos.
Tiago, filho de Alfeu, para não confundir com o outro Tiago.
Tadeu, do qual se sabe somente que seu pai se chamava Tiago.
Simão, chamado o Zelotes, porque pertencia ao partido dos zelotes.
Judas Iscariotes, aquele que depois traiu Jesus.

Pedro
do evangelho de Mateus 14,22-34 e 16,13-28

Houve um tempo em que o meu nome era Simão. Agora sou Pedro. Foi Jesus quem me chamou assim.
– Você é Pedro – disse-me – porque sobre você, como sobre uma pedra sólida, construirei a minha Igreja.
Tudo bem! Se quem diz é ele, que é o Mestre e sabe tudo, tem de ser verdade. Jesus talvez pense que eu seja forte e corajoso. Todos também pensam, porque sou grande, rústico e falo com voz forte, e se é preciso enfrentar algum problema eu não fujo dele. Porém, uma vez ou outra, tenho medo. Tenho medo quando Jesus sai por aí a dizer que precisará sofrer muito, que em Jerusalém o acusarão injustamente e que verdadeiramente o matarão.
– E então por que é que vai nos deixar? – perguntei-lhe. – Esperamos exatamente que não te aconteça nada daquilo que disse!
Jesus irou-se. Não obstante, eu acreditava ter falado como amigo.
– Pensa ainda como pensam os homens – respondeu-me ele. – Mas eu devo fazer a vontade de Deus. Lembre-se, Pedro: quem dá a vida pelo Reino dos céus, não perde a sua vida, mas vive eternamente.
O que isso quer dizer? Não entendo bem, mas sei que eu darei a vida por ele, o meu Mestre. Só ele diz as palavras mais grandiosas da terra, do céu, de tudo; palavras que falam de uma vida eterna. E logo depois fala que precisa morrer. No entanto, eu tenho medo da morte. Acontece-me frequentemente ter medo. Como aquela vez que atravessamos o lago de Genesaré na barca, de noite.

Jesus não estava conosco. De maneira imprevista levantou-se o vento: um vento forte, de tempestade. As ondas rugiam e jogavam o barco para trás e para frente, para alto-mar. Tentamos de todos os modos. Era inútil: parecia exatamente que o lago quisesse nos engolir.
E depois chega Jesus. Aproxima-se caminhando tranquilo sobre a água.
– É um fantasma – sussurrou alguém, e pela espinha nos percorreu um calafrio de medo.
Jesus falou para nós: – Sou eu, não tenham medo!
– Se é o senhor, manda que se aquiete a água. Também eu quero caminhar sobre as ondas.
– Vem!
Desci da barca. A água me sustentava, firme, imóvel. Mas o vento uivava e tudo ao redor estava imensamente escuro. O peso do meu medo me fez afundar.
– Senhor, salva-me!
Estendi uma mão e encontrei a mão de Jesus. Juntos voltamos para a barca e a tempestade se acalmou em um instante.
Quem é este a quem água e vento obedecem? Que lê no coração dos homens? Que diz palavras jamais ouvidas antes? Eu sei. É o Cristo que esperávamos, o Filho de Deus.

São Pedro é representado com um molho de grandes chaves na mão: é o símbolo da sua autoridade na Igreja, que se imagina como uma grande casa cujas portas ele abre e fecha. Segundo a tradição, São Pedro é também o porteiro da entrada no paraíso.

Cristo, em grego, significa "ungido", isto é, consagrado. Os profetas antigamente ungiam com óleo os reis de Israel para mostrar que quem os havia escolhido era Deus.

– Darei a minha vida pelo Senhor – disse Pedro a Jesus durante a última ceia.
– Antes que alvoreça, em uma só noite, me negará três vezes – replicou Jesus.
E de fato Pedro três vezes disse que não conhecia Jesus, para não ser preso. Depois se arrependeu e começou a chorar.

Às vezes Pedro tem medo, como todos os homens. Mas depois que Jesus mandou do céu o Espírito Santo sobre os discípulos, Pedro tornou-se corajoso e verdadeiramente deu a sua vida pelo Evangelho. Efetivamente morreu mártir em Roma.

O primeiro papa

Um dia Jesus perguntou aos seus discípulos:
– O que o povo diz de mim?
Responderam-lhe: – Alguns dizem que é João Batista ou Elias ou Jeremias ou algum dos profetas.
– E vocês, quem dizem que eu sou? – Perguntou Jesus.
– É o Cristo, o Filho de Deus – respondeu Simão.
Jesus então lhe disse: – O próprio Deus sugeriu a você essa resposta. Eu dou um novo nome para vcê, Pedro, porque é a pedra sobre a qual construirei a minha Igreja.
De fato os discípulos reconheceram Simão-Pedro como seu chefe, após a morte de Jesus.
É ele o primeiro a entrar no sepulcro vazio; é ele que guia a primeira comunidade de cristãos em Jerusalém; a ele se dirige quem tem dúvidas.
Então o rei Herodes (o neto daquele outro Herodes que havia procurado matar Jesus ainda menino) coloca-o na prisão, mas um anjo lhe tira as correntes e o liberta.
Pedro deixa a Palestina e vai para Roma, e também ali é o guia da pequena Igreja que está se desenvolvendo: por isso é o primeiro papa.
Quando Nero se torna imperador, os cristãos são perseguidos. Pedro foi martirizado no ano 64.
Sobre seu túmulo seria construída uma igreja que com o tempo se tornaria cada vez maior.
Hoje a basílica de São Pedro é a maior basílica do mundo.

Mateus
do evangelho de Mateus 9,9-13

Eu era um homem rico e triste. Um exator, isto é, cobrador das taxas e a minha vida se desenvolvia toda atrás da banca dos impostos, sempre manuseando dinheiro. Passava-me tanto dinheiro pelas mãos que um ou outro, em vez de ser enviado para Roma, acabava indo parar nos meus bolsos. Eu me vestia com roupas preciosas e as minhas sandálias eram feitas com os couros mais macios. Mas o meu coração estava esmagado pela tristeza. Diante de mim desfilavam só rostos escuros: lábios cerrados para segurar os insultos, olhares carregados de ódio; ou de inveja, que é a irmã do ódio. Eu andava quase sempre de olhos baixos, sempre atento às moedas de cobre, de prata e de ouro lustroso.

Um dia um homem se deteve diante da minha banca. Nem mesmo olhei para ele. Estendi a mão para receber a bolsa com às moedas (que depois eu devia contar com muita atenção, porque sempre alguém procurava me enganar), mas a minha mão continuou vazia.

Então levantei o olhar e os meus olhos encontraram os olhos de Jesus. Sorria e eu reconheci nele o sorriso de Deus.
– Segue-me – disse Jesus.
Levantei-me sem hesitação e deixei a banca dos impostos para ir atrás daquilo que aqueles olhos me prometiam.
Sigo Jesus há muitos meses, nas estradas da Judeia, da Galileia, da Samaria. As sandálias folgadas se romperam já faz algum tempo. Calço rústicas sandálias de couro e os meus pés estão cheios de calos. Porém, já não ando mais com a cabeça abaixada, porque o Filho de Deus me libertou do peso que me oprimia e agora os meus olhos respondem sorrindo ao sorriso de quem está ao meu redor. Porque em torno de mim não existem mais rostos fechados ou olhos invejosos. Existem rostos maravilhados, faces curiosas, faces que choram, que imploram, que esperam. E depois que Jesus falou de Deus e do seu reino, todas as faces brilham de alegria e de paz.

Mateus, que nos Evangelhos é chamado também de Levi, vivia em Cafarnaum, na margem do lago de Genesaré. Muitos ali vinham para comprar peixe vender ou trocar mercadorias e existia sempre uma grande movimentação de pessoas.

Mateus era um publicano, isto é, um exator das taxas, e não era uma pessoa bem-vista. Tanto mais porque uma parte do dinheiro que recolhia ele a segurava para si, como faziam todos os publicanos, e por isso eram ricos e odiados.

Logo após o encontro com Jesus, Mateus preparou um banquete em sua casa. Entre os convidados está também Jesus e houve quem murmurou: – Jesus come junto com os pecadores.
Mas Jesus replicou: – Não são os sadios que têm necessidade do médico, mas os doentes. Eu vim exatamente para chamar os pecadores, para que mudem de vida.

De Mateus se fala também na "Legenda Áurea", uma coleção de escritos do ano 1200.
Ali se narra que Mateus pregou o Evangelho na Etiópia, onde foi martirizado, transpassado por uma espada, próximo do altar.

Os evangelistas

Os evangelistas, os autores dos evangelhos, são quatro: o apóstolo Mateus, o apóstolo João e depois Lucas e Marcos.
Os evangelhos de Mateus, de Lucas e de Marcos são conhecidos como "sinóticos" porque são mais ou menos parecidos: narram os mesmos episódios da vida de Jesus, na mesma ordem e, às vezes, com as mesmas palavras. João, porém, organiza a sua narração de uma maneira original e emprega uma linguagem mais difícil. Cada evangelista é acompanhado por um símbolo diferente.

Lucas é identificado pelo touro. O seu evangelho é o mais longo. Lucas é também o autor dos Atos dos Apóstolos.

Para Marcos o símbolo é o leão. Marcos não havia conhecido Jesus, mas narra aquilo que soube por intermédio de Pedro. O evangelho de Marcos é muito breve.

Mateus é representado por um anjo que lhe sugere o que deve escrever. No seu evangelho cita frequentemente o Antigo Testamento para convencer os hebreus de que Jesus é exatamente o Messias do qual se fala nas Sagradas Escrituras.

Para João o símbolo é a águia. O evangelista conhecia bem Jesus e narra longos discursos do seu Mestre. João tinha permanecido próximo de Jesus também depois de sua prisão, por isso conta muitos detalhes do processo e da crucificação.

A natureza ao redor de Jesus:

O asno
É símbolo de humildade e mansidão, mas é também a montaria do rei em tempos de paz. Jesus entra em Jerusalém, aclamado e festejado, na garupa de um asno.

A ovelha e o cordeiro
Jesus diz: – Eu sou o pastor e vocês, discípulos, são as minhas ovelhas.
Às vezes, porém, se compara ao cordeiro, oferecido em sacrifício sobre o altar para apagar os pecados dos homens.

A pomba e a serpente
– Sejam puros como pombas – ensinava Jesus –, mas também espertos como as serpentes, para não serem enganados por quem se afasta do reino de Deus.

Os pássaros
– Olhem as aves do céu – diz Jesus.
– Não cultivam os campos e, no entanto, Deus as nutre e se preocupa com elas. Acham que Deus não tem cuidado com os homens?

O camelo
Jesus o escolhe como comparação para dizer que nenhum rico entra no reino dos céus, assim como um camelo não passa pelo buraco de uma agulha.

Os peixes
Existiam muitos no lago de Genesaré, mas nem sempre se deixavam pescar. Depois de uma noite infrutífera, Jesus diz a Pedro:
– Lança de novo as redes.
– É inútil – respondeu Pedro – mas, já que manda, atiro-as.
E pescou assim tantos peixes que a rede se rompia: um total de 153, todos grandes.

A galinha
Jesus se compara também a uma galinha, que tem perto de si os pintinhos, bem protegidos debaixo de suas asas.

os animais e as plantas

A oliveira
É o símbolo da paz, mas também da força, porque está sempre verde e cresce também nos terrenos áridos. Havia um pequeno bosque de oliveiras nas proximidades de Jerusalém, e Jesus ia orar nele junto com os seus discípulos.

A figueira
Era uma árvore apreciada pelo frescor de sua sombra, pelos frutos e também por suas folhas que serviam para envolver alimentos e empacotá-los.
– Olhem a figueira – diz Jesus. – Quando solta as folhas, saibam que o verão está próximo. Aprendam também a reconhecer os sinais da vinda de Deus.

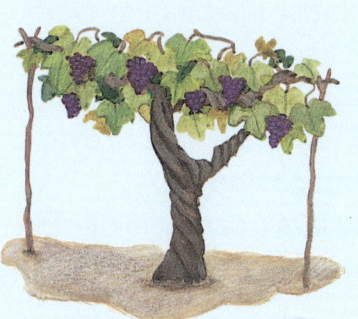

A videira
É preciosa porque dela se extrai o vinho. As vinhas eram circundadas por uma cerca e próximo dela existia frequentemente uma torre, para descobrir eventuais ladrões. Diz Jesus: – Eu sou a videira, e vocês são os ramos. Aquele que permanece unido a mim dá muito fruto.

A palmeira
Os hebreus abanavam ramos de palmas para festejar uma vitória ou acolher um hóspede eminente. Também Jesus quando entra pela última vez em Jerusalém é saudado com ramos.

Zaqueu
do evangelho de Lucas 19,1-10

O meu nome, Zaqueu, significa "justo". Mas quem é justo diante de Deus? Para nós, publicanos, é muito fácil enganar. Faz parte do nosso ofício, que é o de cobrar as taxas.

O imperador quer uma centena de moedas? Então você diz que é cento e dez e a diferença coloca na sua bolsa. Dessa maneira é que eu agia também, antes de encontrar Jesus.

O povo, por um lado, me desprezava e, por outro, tinha inveja de mim, porque eu, publicano e pecador, era o mais rico de todos, em Jericó.

Um dia, eu soube que Jesus estava entrando na cidade. Antes, nunca me interessara por profetas e curandeiros, mas eu ouvira falar de Jesus coisas extraordinárias: que lia os corações e que fazia voltar a enxergar os cegos.

"Ou é um enganador ou é verdadeiramente o Messias", eu falava para mim mesmo. De fato uma grande curiosidade de encontrá-lo se apossou de mim e corri para a estrada.

Diante de mim estava uma muralha de ombros; mesmo colocando-me na ponta dos pés não conseguia ver nada, porque sou pequeno em estatura.

– Deixe-me passar! Deixe-me passar! – gritava eu.

Minhas vestes de seda e meus anéis costumavam causar uma certa impressão no povo. Todavia, naquele momento, ninguém prestava atenção em mim. Assim, um estranho reclamou ralhando comigo: – Não empurre, pequenino.

Jesus estava ali, a poucos passos, e eu não conseguia vê-lo!

Então peguei um caminho lateral e cheguei antes deles todos à praça. Existe ali uma árvore, um grande sicômoro, na praça de Jericó. Subi rapidamente nele. Estavam chegando. O cortejo avançava como uma torrente de rostos e de vestes de todas as cores, e no meio deles estava Jesus.
De lá de cima eu via bem, finalmente.
Jesus parou exatamente debaixo da árvore, levantou seu olhar e me disse: – Zaqueu, desce logo, porque hoje devo ficar em sua casa.
Sabia o meu nome. Que mais sabia Jesus a meu respeito?
O povo murmurava: – Vai comer com um pecador.
Estando à mesa, Jesus falou do reino de Deus, dos pobres e dos ricos. Eu bebia as suas palavras, como bebe um pastor quando encontra um poço no deserto.
– Mestre – disse eu, antes que ele partisse –, eu dou a metade dos meus bens aos pobres e a quem enganei restituo quatro vezes mais.
– A salvação entrou na sua casa! – falou Jesus e me abraçou com força. Abraçou exatamente a mim, Zaqueu, publicano e pecador.

Os ramos do sicômoro brotam do tronco bem próximo da terra, por isso também uma pessoa de estatura baixa como Zaqueu consegue subir nela facilmente.

> Aos publicanos que lhe perguntaram: – Mestre, que devemos fazer? Jesus respondeu: – Sejam honestos. Não devem querer mais do que aquilo que o povo deve pagar, para ganharem o seu dinheiro.

A Lei previa que quem tivesse fraudado um valor de dez moedas, por exemplo, devia restituir 12. Zaqueu decidiu restituir 40.

Uma vez Jesus narrou uma parábola que tem por personagens um publicano e um fariseu:
"Um dia um publicano e um fariseu entraram no templo de Jerusalém para orar. O publicano permaneceu lá no fundo e pedia perdão a Deus dos seus pecados. O fariseu permaneceu de pé e se vangloriava de ser justo e bom, porque respeitava as prescrições da Lei.
Digo a vocês que o publicano voltou para a sua casa perdoado.
O fariseu, que pensava ser justo, ao contrário, era orgulhoso.
Só Deus é justo.
E Jesus acrescentou:
– Bem-aventurados
os humildes".

Uma sociedade complexa

Os **publicanos** eram os cobradores das taxas. Eram malvistos pelo trabalho que desenvolviam a serviço dos invasores romanos; e também porque uma parte do dinheiro que cobravam seguravam-na para si. Um dos quatro evangelistas, Mateus, era um publicano, mas deixou a banca dos impostos para seguir Jesus.

Os **escribas** eram pessoas cultas. Sabiam ler e escrever e explicavam ao povo os textos sagrados. Mas toda a sua sabedoria não os ajudou a reconhecer Jesus como único Mestre, o Messias enviado por Deus para salvar todos os homens.

Os **fariseus** eram muito religiosos e observavam escrupulosamente tudo o que a Lei mandava. Muitos deles, porém, exteriormente eram piedosos e irrepreensíveis, mas tinham o coração duro. Criticavam Jesus porque era amigo também de publicanos e de pecadores. Uma vez o censuraram exatamente porque havia curado uma mulher em dia de sábado, o dia dedicado ao repouso e à oração.
– Hipócritas! – gritou-lhes Jesus. – Por acaso em dia de sábado não dão de beber aos seus animais? E eu não deverei ajudar uma pessoa que sofre há tantos anos por causa da sua doença?

Os **saduceus** eram os hebreus que não acreditavam na ressurreição e nem mesmo na imortalidade da alma. Segundo eles, também os anjos eram uma invenção da fantasia. Jesus mostra que estão enganados. Como? Ressuscitando depois de ter sido crucificado.

Os **zelotes** não suportavam o domínio dos romanos e estavam prontos para usar as armas, para se libertarem. Naturalmente se recusavam a pagar o tributo ao imperador.

A Samaritana
do evangelho de João 4,1-42

Vou ao poço todos os dias, como todas as mulheres da Samaria. É uma grande canseira, retirar a água com o balde, pois machuca as mãos. Mas o poço fornece uma água fresca e boa e ali ao redor sempre tem gente que se põe logo a conversar um pouco e também se repousa. Naquele dia, era pouco mais que meio-dia, quando encontrei ali somente um estrangeiro. Estava sentado na borda de pedra do poço e quando me aproximei mergulhou seu olhar bem dentro dos meus olhos.
– Dê-me de beber – disse-me ele.
Não acreditei no que ouvia!
– Você é judeu e fala comigo?
– Se você soubesse quem sou eu que falo e que dom de Deus vim trazer para você, por primeiro me haveria pedido.
– Que dom?
– Água! Água que dá a vida!
Não tinha consigo nada para tirar a água, nem balde nem outra vasilha.
– Como poderá tirar água do poço? É profundo – fiz com que notasse e lhe expliquei:
– Foi-nos dado este poço por nosso pai Jacó e desde então tem matado a sede de homens e de animais, uma geração depois da outra.
– Quem bebe desta água, pouco depois novamente terá sede. Quem bebe da água que eu lhe der não mais terá sede, mas tem em si a vida eterna – replicou. Eu não havia entendido bem, todavia me parecia agradável não ter mais sede.

Nada mais de mãos machucadas, nada mais de idas e vindas debaixo do sol com o balde pesado sobre a cabeça...
– Quero também eu desta água prodigiosa – eu disse a ele.
E ele: – Vá chamar seu marido e depois volte aqui.
O que tinha a ver com isso o meu marido?
– Não tenho marido – desabafei.
O estrangeiro olhava dentro dos meus olhos e lia no meu coração.
– É verdade. Você teve cinco maridos, e aquele que tem agora não é marido seu.
Como ele conseguia saber?
– É um profeta! – exclamei. – Então, diz-me, quando é que o Messias virá?
– Sou eu, que falo a você.
Deixei ali o balde e voltei correndo para a cidadezinha e contei a todos o que me havia acontecido.
– Encontrei um homem que vê dentro do coração da gente, talvez seja ele o Messias!
Voltamos muitos ao poço. O estrangeiro continuava lá; tinham chegado também os seus discípulos. Permaneceram na nossa pequena cidade dois dias. Depois retomaram seu caminho.
– Nós conhecemos o Messias – diz agora o povo de Samaria.
E acrescentou: – Não é por causa das suas palavras que acreditamos, mas porque nós mesmos o escutamos.
Eu, porém, fui a primeira, porque Jesus falou, antes de todos, comigo, naquele meio-dia, no poço.

Os hebreus não tinham uma grande estima pelas mulheres, e em público não dirigiam a elas a palavra. Por isso a samaritana se admirou de que Jesus falasse com ela.

A samaritana perguntou a Jesus também onde era preciso adorar Deus: no templo de Jerusalém ou no monte Garizim? Mas Jesus respondeu: – Deus deve ser adorado dentro do coração, acolhendo a sua Palavra.

Os samaritanos, além do mais, eram considerados impuros e hereges porque não iam ao templo de Jerusalém, mas haviam construído um templo para eles no monte Garizim.

O poço onde a samaritana encontrou Jesus é chamado de "o poço de Jacó", porque pertencia ao patriarca Jacó. Ainda hoje dele brota água fresca.

Em uma terra árida como a Palestina, a água é um bem precioso. Mas Jesus traz um dom ainda mais precioso: a salvação para todos os homens.

A parábola do Samaritano

No Evangelho fala-se também de um samaritano. É o personagem principal desta parábola: um homem descia de Jerusalém para Jericó, quando foi atacado por bandidos, que lhe bateram e roubaram tudo e depois fugiram deixando-o quase morto.
Um sacerdote que caminhava pela mesma estrada o viu ferido, mas passou pelo outro lado da estrada, para nem mesmo de leve o tocar. Pouco depois passou por ali um levita e também ele agiu da mesma maneira. Em seguida passou um samaritano que viajava por ali; quando o viu, teve compaixão. Aproximou-se, enfaixou-lhe as feridas e depois o carregou sobre o lombo do seu animal e o levou até uma estalagem. Ali cuidou dele e no dia seguinte, antes de partir, deu ao estalajadeiro moedas.
– Cuide dele – lhe disse – e se gastar mais, quando eu voltar por aqui, pagarei a despesa.
Depois de ter contado a parábola Jesus perguntou aos seus discípulos:
– Quem se comportou bem: o sacerdote, o levita ou o samaritano?
– O samaritano – responderam-lhe.
– Façam também vocês assim.
Jesus dá como exemplo um samaritano, isto é, uma pessoa que pertencia a um povo criticado e observado com maus olhos, para nos dizer que também entre aqueles que não pensam como nós ou não são do nosso grupo existem pessoas boas. Jesus nos ensina também que ajudar os outros é acima de tudo uma obrigação.

Jairo
do evangelho de Marcos 5,21-24 e 35-43

Jesus me recomendou que não o dissesse a ninguém, mas eu, Jairo, não me posso calar. Pelo contrário, devo narrar a todos o grande prodígio. Minha filha tinha morrido e Jesus a ressuscitou. Já havia ouvido muitas pessoas falarem que ele fazia milagres: água transformada em vinho, cestos de pão que nunca se esvaziam, doentes curados, até mesmo leprosos eram limpos! Também minha filha estava doente há muitos dias, e muitos médicos tinham vindo e foram embora abanando a cabeça.
– Chame os tocadores de flautas – nos disse o último deles. – Logo o luto cobrirá esta casa.
Eu, então, corri para procurar Jesus, que tinha atravessado o lago de Genesaré e pregava na margem ali próxima.
Enfiei-me logo no meio da multidão e, arquejante, lhe disse: – A minha única filha está morrendo. Venha comigo, e lhe dê a cura.
– Vamos – disse ele.
Muita gente se juntou a nós, curiosa por assistir ao milagre. Mas da minha casa saiu alguém e me disse: – Por que incomoda o Mestre? Sua filha já morreu.
– Não é verdade! – gritei.
Eu não queria acreditar, mas aos meus ouvidos chegavam o choro das mulheres e o lamento dos flautistas.

– **C**onfia em mim? – perguntou-me Jesus. – Então não tenha medo, sua filha dorme.
– E talvez sonhe! – replicou alguém.
– Sabemos muito bem reconhecer os sinais da morte – desabafou um outro.
Jesus entrou na casa e não quis que ninguém o seguisse: só eu, minha mulher e três dos seus discípulos. Aproximou-se do leito em que estava estendida minha filha, imóvel e pálida.
Tomou-lhe a mão e lhe disse: – Levante-se!
E ela abriu os olhos e começou a sentar-se.
O que aconteceu depois disso não recordo muito bem. Estávamos todos meio alucinados: abraços, choro e alegres sorrisos.
– A menina tem fome. Não vão dar nada para ela comer? – disse Jesus. Então nos precipitamos a oferecer-lhe tâmaras, figos, frituras, grãos torrados. Pareceu-me uma boa ideia dar uma festa.
– Darei um banquete. Estão todos convidados!
Jesus, porém, não quis deter-se.
– Vê quanta gente? – perguntou-me, indicando a multidão que o havia seguido.
– Precisam de mim, porque são como ovelhas sem pastor.
E acrescentou: – Não diga nada disto que aconteceu.
Mas eu não posso calar-me. Porque vi uma pessoa mais forte do que a morte: Jesus, o Messias.

Jairo é o chefe da sinagoga, o lugar onde os hebreus se reúnem para orar. É mais ou menos o guia espiritual da cidade: escolhe quem deve ler em voz alta a Bíblia e dirigir a oração.

O evangelista Marcos, narrando o episódio no seu Evangelho, refere as palavras ditas por Jesus à menina, na língua que então se falava na Palestina, o aramaico: "Talita cumi", que significa "Menina, eu digo: levanta!".

Somente Pedro, Tiago e João, juntamente com os pais da menina, assistem ao milagre realizado por Jesus. Os três discípulos o seguirão também ao monte da Transfiguração, onde verão Jesus resplandecente de luz.

Os Evangelhos nos dizem que Jesus, além da filha de Jairo, ressuscitou também o filho de uma viúva que vivia em Naim e o seu amigo Lázaro.

Em muitas passagens do Evangelho, Jesus afirma que ele é como um bom pastor, que gosta muito das suas ovelhas: leva-as a pastar onde a erva é mais tenra e, para defendê-las dos lobos, está pronto a dar a vida por elas.

Jesus cura os doentes

Nos Evangelhos existem muitas curas milagrosas. Os doentes acorriam à passagem de Jesus.
Uma mulher que não ousava nem mesmo falar-lhe tocou-lhe o manto às escondidas.
– Quem tocou em mim? – perguntou Jesus.
– Ora, ora – admiraram-se os discípulos –, está no meio da multidão e pergunta quem o tocou!
Jesus porém sabia que a mão que havia tocado em sua roupa pedia ajuda.
– Fui eu – confessou a mulher.
E Jesus sorrindo-lhe: – É grande a sua fé; fique, filha, curada.
Mais uma vez não foi nem mesmo necessário levar o doente diante dele. Foi quando curou o servo de um centurião romano. O centurião se apresentou a Jesus e lhe disse: – O meu servo sofre muito, faça qualquer coisa por ele.
– Ajude-o – sussurrou-lhe ao ouvido um dos discípulos. – Este homem é um estrangeiro, mas é bom com o nosso povo. Até mesmo nos ajudou a construir a sinagoga.
– Está bem – disse Jesus – irei com você e o curarei.
Mas o centurião o deteve.
– Senhor – disse-lhe – não é necessário que se incomode a vir comigo. Basta que o ordene e o meu servo será curado. Eu mesmo tenho soldados a meu serviço que me obedecem e fazem tudo o que lhes ordeno. E eu sei que o Senhor tem o poder de mandar sobre as doenças.
– Nem mesmo entre os hebreus encontrei tamanha fé! – exclamou Jesus, e acrescentou:
– Volte para a sua casa, o seu servo está curado.
Nós, às vezes, pensamos: "Se eu visse um milagre, acreditaria em Jesus". Ao contrário, Jesus faz os milagres depois de ter visto a fé daqueles que lhe pedem.

Marta
do evangelho de Lucas 10,38-42

Tenho uma irmã, Maria, e um irmão, Lázaro. Tenho uma casa, onde vivemos os três. A casa é grande e me canso da manhã até a noite para deixar tudo em ordem.
E é preciso também buscar água no poço, fazer o pão e cuidar da comida, e tem sempre o tear esperando a sua vez.
Agrada-me que tudo esteja organizado, especialmente se temos hóspedes em casa. O hóspede mais importante de todos é Jesus. Quando passa por Betânia, sempre fica conosco.
Chega de improviso, acompanhado de seus discípulos e, às vezes, por uma multidão de curiosos.
– Manda na sua frente algum dos seus para avisar-me – digo-lhe sempre. – Assim poderei preparar em tempo e quando chegarem tudo estará pronto.
Mas Jesus não me atende. – Marta, você se cansa demais – repete-me ele.
A mim agrada que os pisos estejam bem lavados, a mesa preparada com cuidado, o alimento cozido no ponto, os cântaros cheios de água, as toalhas limpas e secas...
São assim muitas as coisas que devem ser feitas!
– Uma só é a coisa de que se tem precisão – disse-me um dia Jesus. – Sua irmã o entendeu. Escolheu a parte melhor, que ninguém lhe poderá tirar.
Maria estava sentada diante de Jesus, sem fazer nada: escutava-o.

Deixava-me nervosa vê-la ali encantada, com as mãos nos joelhos, enquanto havia ainda tanto a fazer para deixar limpos os jarros.
– A você ela atende, diga que primeiro me ajude. É preciso lavar os jarros.
– Sente-se aqui também você, Marta, e escute. Tenho uma pergunta a fazer – disse-me Jesus.
– Que pergunta? – respondi impaciente.
Lembrei-me de que o pão estava ainda dentro do forno e eu precisava ir logo para me certificar se estava bem cozido.
– Que coisa é mais importante de tudo para um homem? – perguntou-me.
– A sua alma – respondi sem hesitação.
– E então – continuou Jesus – é certo alimentar a alma como se nutre o corpo, e até mais. Nem só de pão vive o homem, mas de toda palavra que sai da boca de Deus.
Aí eu entendi, finalmente. Tinha sempre pensado que Jesus vinha à nossa casa para comer, mas ele vinha para trazer alimento às nossas almas, famintas da verdade, da paz, da vida eterna.
Lancei-me aos seus pés e pedi perdão.
E pedi perdão também à minha irmã. Eu a havia acusado de ser uma preguiçosa, porém ela se mostrara muito mais sábia que eu. Naquele dia permanecemos as duas sentadas aos pés de Jesus. Do forno chegava o cheiro do pão queimado.
"Amanhã precisarei limpar tudo", pensei, mas espantei logo aqueles pensamentos e deixei que a minha alma apreciasse tranquilamente as palavras do Senhor.

Um dia Lázaro adoeceu gravemente. Mandaram avisar Jesus, mas quando Jesus chegou a Betânia, Lázaro já havia morrido.
– Se tivesse vindo logo, nosso irmão não teria morrido – queixaram-se Marta e Maria.
– Lázaro ressuscitará – assegurou-lhes Jesus.
– Sei que ressuscitará como todos, no fim do mundo – disse Marta.
– Quem crê em mim tem a vida eterna – explicou-lhe Jesus.
– Eu creio em você e sei que Deus fará por seu intermédio tudo o que lhe pedir – disse Marta.
Então Jesus ordenou que retirassem a pedra que fechava o sepulcro e chamou Lázaro.
Lázaro saiu do sepulcro, ainda envolvido nas faixas, vivo.

> Diante do túmulo do seu amigo Lázaro, Jesus chorou.
> Jesus é Deus, mas é homem também. Como nós, a morte e a dor dos homens o fazem sofrer.

> Jesus diz aos seus discípulos que procurem o alimento que nunca acaba, que dura para a vida eterna, ou seja, a salvação que ele mesmo veio trazer aos homens.

Não é preciso afadigar-se pelo alimento, pelas vestes, pelas coisas.
Deus sabe que delas precisamos e não deixa que elas nos faltem. Mas nos pede que possamos dividir o que temos com os outros.

Quantas vezes preciso perdoar?

Um dia Pedro perguntou a Jesus: – Mestre, se alguém pratica o mal contra mim, quantas vezes devo perdoá-lo? Sete vezes?
Jesus lhe respondeu: – Não sete vezes, mas setenta vezes sete.
Isso era uma maneira de dizer: sempre.
– Por quê? – perguntou Pedro.
Para explicar-lhe, Jesus contou uma parábola: "Havia um rei que chamou os seus servos para ajustar as contas com eles e ver quanto lhe deviam. Descobriu assim que um deles tinha um débito de dez mil talentos!
Era uma quantia enorme. O servo, que não podia restituir todo aquele dinheiro, começou a suplicar-lhe que tivesse ainda paciência. O rei, compadecido, perdoou toda a dívida e deixou-o ir embora.
No caminho, o servo encontrou um outro servo como ele, que lhe devia uma soma pequenina: cem denários apenas.
– Pague-me o que me deve – disse a ele.
O outro não tinha como pagar e lhe suplicou que tivesse ainda paciência.
– Não. Se não me pagar logo tudo o que me deve, mando prendê-lo – ameaçou.
E assim fez.
Quando o rei soube o que tinha acontecido, mandou chamar aquele homem duro de coração e lhe disse: – Servo malvado, como eu tive piedade de você, devia ter piedade do seu companheiro. Agora ordeno: pague-me tudo o que me deve".
Jesus acrescentou: – Assim Deus Pai pede a cada um de vocês: perdoar de coração os outros homens, seus irmãos.

O jovem rico
do evangelho de Marcos 10,17-22

A minha família é uma das famílias de maior evidência da região. Somos ricos e estimados, desde muitas gerações passadas. Ao meu avô o povo pedia conselhos, tão sábio era ele; e dinheiro, porque era generoso; lembro-me muito bem. E sempre vi meu pai trabalhando, menos nos dias de sábado e nas festas do Senhor. Respeitava a Lei e ajudava os pobres, e isso ele ensinou também a mim. Por isso nos nossos campos sempre desceu a bênção das colheitas abundantes e na nossa casa se acumulam os bens, recompensa certa para o homem piedoso.

Um dia disseram que Jesus vinha por estes lados. "Que ventura!", pensei. "Gostaria muito de encontrá-lo, falar com ele. Dele ouvem-se coisas maravilhosas." Corri, atirei-me a seus pés.

– Bom Mestre – disse-lhe –, que devo fazer para ter a vida eterna?

– Só Deus é bom – replicou Jesus. – E Deus deu aos homens os seus mandamentos. Não matar, não roubar, não enganar...

— Mestre, tudo isso tenho observado desde quando era pequenino! – exclamei. Jesus entendeu que eu dizia a verdade; olhou para mim com um olhar tão cheio de amor que senti os olhos encherem-se de lágrimas.

– Uma só coisa falta a você – acrescentou ele. – Vá, venda tudo o que tem e dê aos pobres. Depois venha comigo e siga-me.

Dar tudo aos pobres?! Mas assim também eu me tornarei pobre! O que faria Jesus com um discípulo pobre? Não era melhor ter um seguidor rico; até mesmo, riquíssimo?

– Terá um tesouro no céu.

Eu já o tenho aqui sobre a terra, um tesouro. Acumularam-no a fadiga e a sabedoria dos meus avós; e também eu faço a minha parte para enriquecê-lo sempre mais. Por que renunciar?

Afastei-me sem dizer uma só palavra. Ainda agora penso nisso e continuo a pensar e me interrogo: "Terei eu errado?".

Respondo a mim mesmo que não, não me enganei.

Por que então estou assim tão triste? Eu tenho aqui uma pedra que esmaga meu coração. Uma pedra mais pesada do que todos os meus cofres cheios de ouro.

O paralítico
do evangelho de Lucas 5,17-26

Jesus estava ali, próximo de mim, e eu não podia me dirigir até ele!
Ao redor do Mestre havia muita gente. Fariseus e doutores da Lei chegavam também de cidades distantes para discutir com ele, e depois havia doentes que tinham enfrentado tudo para ser curado, mas continuavam ainda doentes e só podiam esperar por um milagre. Eu não tinha nem mesmo aquela esperança. Eu estava paralisado da cabeça aos pés.
Não abandonava o meu leito já há muitos anos. Como chegar a até ele no meio da multidão? Eu clamava, gritava...
Ninguém se ocupava de mim. Num certo momento, porém, vejo perto de mim dois jovens, altos e fortes. Eram dois parentes distantes.
– Vamos levar você para Jesus – disseram-me.
Levantaram o meu leito e o carregaram. Balançavam-me daqui e dali, como se eu fosse um saco de azeitonas. É assim mesmo: quem é sadio não faz ideia do que é ser enfermo e dependente da bondade dos outros. Nesse momento o meu coração transbordava de reconhecimento e, finalmente, de esperança. Jesus tinha entrado em uma casa e o povo o cercava até dentro do pátio.
– Abram espaço, deixem passar, aqui está um paralítico – gritavam os meus parentes.

E quem ouvia no meio daquela confusão? Procuraram levantar-me sobre as cabeças, com o risco de também fazer me cair, mas não conseguiram dar um passo.

Havia um só lugar ainda vazio: o teto. Subimos ao terraço de uma casa, passamos para o terraço de uma outra e finalmente chegamos.

"É já um milagre que tenhamos chegado inteiros", pensei.

Os dois jovens se colocaram de joelhos e tiraram a cobertura. O buraco foi o suficiente para descerem-me com o leito. E eu me encontrei no meio da sala, diante de Jesus.

– A sua fé é grande – disse ele, e depois, voltando-se para mim: – Homem, os seus pecados são perdoados.

– Isto é uma blasfêmia! – exclamaram escribas e fariseus. – Só Deus pode perdoar os pecados.

Mas Jesus replicou: – É mais fácil dizer "Eu perdoo você" ou então "Levante-se e ande"?

No silêncio que se estabeleceu então, ele me ordenou:

– Levante-se, pegue o seu leito e vá para a sua casa.

Assim fiz e, enquanto andava, curado, glorificava a Deus. E ainda hoje o glorifico e o louvo pelas coisas prodigiosas que opera por meio de Jesus.

Jesus cura muitas doenças, também aquelas que naquele tempo nenhum médico sabia curar. A lepra, por exemplo. Os leprosos eram expulsos das cidades e ninguém os tocava, para não serem contagiados. A mão de Jesus os libertou da doença e assim puderam voltar a viver no meio do povo.

No Evangelho também se narra a respeito de um outro paralítico, que aguardava há muito tempo, inutilmente, que alguém o imergisse na piscina de Betesda. Uma vez por ano as águas se agitavam, movidas por um anjo e tornavam-se miraculosas. O primeiro que se atirasse era curado. Existiam sempre muitos doentes, em expectativa, e cada vez um outro se atirava antes do paralítico. Jesus, compadecido, curou-o logo.

Fariseus e doutores da Lei escandalizavam-se quando Jesus afirmava: "Eu perdoo os pecados". Só Deus tem este poder. Jesus, dizendo assim, é como se afirmasse: "Eu sou Deus".
E de fato Jesus é Deus. Demonstra-o curando o paralítico.

Por que Jesus disse ao paralítico: – Perdoo os seus pecados? Para nos fazer entender que a doença é uma coisa má e triste, mas os pecados o são ainda mais. O dom maior que Jesus pode conceder é reatar a amizade entre Deus e o homem que o pecado havia rompido.

A verdadeira purificação

Aos sábados, como todos os hebreus, Jesus ia à sinagoga para orar e para ler o Antigo Testamento. O sábado efetivamente era consagrado a Deus: não se trabalhava e não se iniciava uma viagem até o pôr do sol.
Um dia entrou na sinagoga um homem que tinha a mão direita paralisada.
– É possível que ele o cure – falavam entre si os escribas e fariseus, esperando que Jesus operasse o milagre, para poder depois acusá-lo de ter profanado o repouso do sábado.
Jesus chamou para perto de si aquele homem e depois perguntou aos presentes: – Quem de vocês, se o seu asno cai no poço, não corre logo para tirá-lo, mesmo em dia de sábado?
Ninguém respondeu.
Jesus continuou: – Pergunto a vocês: é justo, no dia de sábado, fazer o bem mais que fazer o mal? Salvar uma vida humana?
Novamente ninguém ousou responder-lhe.
Jesus então curou o doente ali, diante de todos.
Uma outra vez, ao contrário, um fariseu o criticou porque tinha se sentado à mesa sem antes fazer os ritos de purificação.
Mas Jesus lhe respondeu que não existem coisas puras e coisas impuras, porque tudo foi criado por Deus.
– Em vez de se preocuparem com coisas exteriores – disse – partilhem o seu alimento com os pobres. Isto é o que verdadeiramente Deus quer.

Simão, o fariseu

do evangelho de Lucas 7,36-50

Eu me chamo Simão, sou um fariseu. Nós fariseus conhecemos muito bem as Sagradas Escrituras e fazemos tudo o que a Lei prescreve: jejuns, orações, esmolas... Somos pessoas corretas diante de Deus e diante dos homens. Todavia Jesus não perde a oportunidade de falar mal de nós. Até mesmo nos insulta. Chama-nos de hipócritas e sepulcros caiados. Também eu ouvi dizer de sua boca: – Vocês fariseus são bonitos por fora, mas seus corações são rapinantes e maus.

Um dia, convidei-o para comer em minha casa. Queria ver de perto este Jesus que faz milagres e cura até os leprosos (mesmo em dia de sábado, que é o dia do repouso). Queria também lhe falar e convencê-lo de que nós, fariseus, somos muito melhores do que aquela multidão de esfarrapados e pecadores que o cercavam por todos os lados.

Jesus aceitou logo. Sabe-se que é uma pessoa que come e bebe à vontade. Não como aquele outro profeta, João, que vive comendo gafanhotos e mel silvestre.

Mandei preparar a sala e, quando Jesus chegou, fomos para a mesa. Enquanto comíamos, eu lhe fiz ver que se engana quando fala mal dos fariseus.

Num certo momento, lá pelo meio do banquete, uma mulher se aproximou da porta, lançou-se aos pés de Jesus e os abraçou e os beijou chorando.

Quem lhe havia dado permissão para entrar em minha casa? Aquela é uma pecadora, todos sabem na cidade. Ela tirou das vestes um frasco de um perfume, que talvez tenha custado caro, e o derramou não nos cabelos de Jesus, mas nos seus pés!
"Se fosse verdadeiramente um profeta" – pensei eu – "saberia que é uma prostituta."
Jesus olhou para mim e foi como se estivesse lendo dentro dos meus pensamentos e dentro do meu coração.
– Simão, se duas pessoas têm uma dívida e a ambas é perdoada, quem será mais grato: quem devia pouco ou quem devia muito? – perguntou-me.
– Quem tinha a maior dívida, é claro – respondi.
– Quando eu entrei na sua casa você não me deu água para lavar os meus pés nem o perfume para a cabeça. Nem mesmo o beijo da hospitalidade. Esta mulher, ao invés, lava meus pés com as suas lágrimas, enxuga-os com os seus cabelos e os unge com um perfume precioso – disse Jesus, e acrescentou: – A quem mais ama mais é perdoado.
Eu me senti tão humilhado! Jesus me dava como exemplo uma prostituta. Foi a ela que ele disse: – Vá em paz, eu perdoo os seus pecados.
Só Deus pode perdoar os pecados.
Será possível que Jesus é Deus?

Os fariseus eram pessoas muito religiosas, que observavam escrupulosamente todas as regras e as tradições e criticavam quem não se comportava como eles.

– O sábado foi feito para o homem e não o contrário – disse Jesus.
Significa que as regras devem ajudar as pessoas a se comportarem bem e não fechá-las dentro de uma jaula.

Derramar óleo perfumado na cabeça de uma pessoa era uma maneira de honrá-la, de reconhecer a sua grandeza. Procediam assim também os antigos egípcios.

Os hebreus acolhiam o hóspede com um abraço ou um beijo. Simão, por seu lado, não ofereceu a Jesus nenhum sinal de amizade. Estava somente curioso para conhecê-lo, porque todos falavam dele.

– Vai em paz – disse Jesus à mulher.
O perdão de Deus apaga todas as coisas más e ruins e volta a trazer ao coração a paz e a alegria.

A oração de Jesus

Muitas vezes Jesus afasta-se para um jardim ou para o topo de uma colina, e ora. Então os seus discípulos lhe pediram: – Ensina-nos também a rezar.
E Jesus disse: – Quando orarem, não usem muitas palavras e não cansem a Deus com uma longa lista de pedidos. Porque Deus sabe do que vocês têm necessidade. Ele é seu Pai, e como pode um pai esquecer-se dos seus filhos?
– O que precisamos pedir-lhe, então? – insistiam os discípulos.
– Digam assim:

"Pai nosso, que estais no céu,
santificado seja o vosso nome;
venha a nós o vosso Reino,
seja a feita a vossa vontade,
assim na terra como no céu.
O pão nosso de cada dia nos dai hoje,
perdoai as nossas ofensas,
assim como nós perdoamos a quem
nos tem ofendido,
e não nos deixeis cair em tentação,
mas livrai-nos do mal".

Bartimeu
do evangelho de Marcos 10,46-52

Eu sou Bartimeu, o cego. Agora eu enxergo, mas o povo continua a chamar-me assim, porque durante anos assim fui chamado.

É difícil mudar, quando a gente se habitua a qualquer coisa. Também eu estava habituado ao meu lugar, lá dentro dos muros de Jericó, às pedras do caminho nas quais eu passava horas e horas pedindo esmola. Todavia não pude me acostumar à noite escura que me trancava a visão.

A minha vida, o meu mundo, eram os ruídos. Os passos sobre a calçada, as vozes monótonas dos vendedores, as vozes alegres das crianças que brincavam, as lamentações dos cortejos fúnebres, os cantos nos dias de festa...

São muitos os rumores que chegam aos ouvidos de um cego. Mas o que estava eu perdendo? Fechado na minha prisão escura, nem mesmo conseguia imaginá-lo. Esperava alguém que me libertasse. Por isso, quando escutei que Jesus Nazareno passava por ali, clamei.

– Filho de Davi, Jesus, tem piedade de mim! – gritava eu.

– Cale-se! Pare com isso! – diziam-me.

Mas eu gritava ainda mais forte.

— **T**enha piedade de mim! Ajude-me! – implorava eu.
Depois alguém veio para perto de mim e me disse: – Levante-se, o Mestre quer falar com você.
Levantei-me, pondo-me de pé, e atirei fora o manto que me envolvia. Era ele tudo o que eu tinha, porque permanecer sempre parado, sentado em uma pedra, me fazia tremer de frio. Mas naquele momento nada me importava. Levaram-me para Jesus.
– O que você quer? – perguntou-me.
Era uma voz forte e bondosa, que descia no meu coração e o aquecia mais do que dez mantos.
– Rabi, que eu veja.
Por um instante em torno de mim fez-se um silêncio profundo, um silêncio cheio de pasmo, de expectativa, de esperança.
Finalmente Jesus falou.
– A sua fé o salvou – disse.
O que significa isso? Ainda hoje não consigo entender bem, mas continuo a ver. Vejo os homens, as casas, os jumentos, as árvores, o céu... tudo.
Mas a primeira coisa que vi, quando abri os olhos, foi o rosto de Jesus, que sorria para mim.

Bartimeu, o filho de Timeu (exatamente é isso que quer dizer o seu nome), vivia em Jericó, uma antiga cidade à beira da estrada que conduz a Jerusalém. Muita gente passava por ali e um ou outro parava para lhe dar uma esmola. Só Jesus, porém, pode lhe dar de novo a visão.

Nos tempos de Jesus não sabiam curar as doenças dos olhos, por isso existiam muitas pessoas cegas. O povo pensava que Deus os punia porque tinham cometido pecados ou então, se uma pessoa era cega de nascença, quem havia cometido os pecados tinham sido seus pais. Jesus, ao contrário, explica que não é assim, porque quem está doente não é pior do que quem está saudável.

Dizer a uma pessoa "você é o meu Mestre" é como dizer-lhe "é maior que eu, mais sábio, e eu o escuto e confio em você".
Bartimeu se entrega a Jesus, porque acredita que ele é o maior dos homens e pode ajudá-lo.

Bartimeu chama Jesus de muitos modos: "Nazareno", porque Jesus viveu em Nazaré; "filho de Davi", porque Jesus é um descendente do grande rei; "Rabi", ou seja, "meu Mestre".

Bartimeu, agora que está vendo, une-se à multidão que segue Jesus louvando a Deus. Também quem o vê curado louva a Deus e lhe agradece porque mandou Jesus para ajudar os homens.

A parábola do filho pródigo

Um dia Jesus contou esta parábola:
"Um homem tinha dois filhos.
O mais jovem lhe disse: – Pai, dê-me a minha parte de herança.
Quando a recebeu, partiu para um país distante e ali gastou tudo em festas e diversões. Quando não teve mais nem mesmo uma moeda, encontrou trabalho pastoreando os porcos do seu patrão. Tamanha era a sua fome, que tinha vontade de comer as vagens que se davam aos animais.
Então compreendeu que tinha errado e decidiu voltar para a casa paterna. Pensava: "Voltarei para meu pai e pedirei perdão a ele".
Colocou-se em viagem e, quando estava ainda distante, seu pai o viu, correu ao seu encontro e o abraçou.
– Errei – disse o jovem. – Não sou mais digno de ser seu filho. Recebe-me em sua casa como um dos seus servos.
Mas o pai quis que vestisse um hábito de festa e ordenou que assassem o bezerro mais gordo.
– É preciso festejar – disse – porque eu pensava ter perdido um filho e o reencontrei!
O irmão mais velho, voltando do campo, ouviu a música e quando soube o motivo, enfureceu-se.
– Mas – disse ao pai – eu o tenho servido obedientemente e em troca nunca tive nem mesmo um cabrito para comer com os meus amigos. E para ele, que desperdiçou tudo, se faz uma festa!
– Sim – respondeu-lhe o pai –, porque você sempre esteve comigo, e aquilo que é meu é seu. Mas agora é bom festejar, porque seu irmão estava como morto para mim e agora voltou para a vida.

Tiago
do evangelho de Mateus 17,1-9

Jesus chamou a mim, meu irmão João e Pedro e nos disse: – Venham comigo ao monte, para orar. Nós o seguimos, um pouco atordoados: costumeiramente Jesus preferia estar sozinho, quando se afastava para orar. Assim que chegamos no topo, os nossos olhos viram aquilo que nunca olho humano havia visto nem verá. O nosso Mestre transfigurou-se: era como um facho de luz; as suas vestes eram fulgurantes, branquíssimas; o seu rosto parecia o sol: não se conseguia olhar de tanto que brilhava. E depois apareceram duas figuras, também elas envolvidas em luz: eram Moisés e o profeta Elias. Começaram a conversar com Jesus.
Nós estávamos ali meio deslumbrados e não sabíamos o que fazer... Por fim Pedro adiantou-se e disse: – Mestre, é muito bom estar aqui. Faremos três tendas: uma para ti, uma para Moisés e uma para Elias.
Depois se calou, porque havia percebido que tinha dito uma bobagem. Como se Moisés e Elias tivessem necessidade de tendas feitas de peles de cabra: justamente eles que vivem na glória de Deus! No entanto, também eu gostaria de permanecer para sempre no topo daquele monte: ali estava um pedacinho do paraíso! Estávamos felizes e ao mesmo tempo assustados. E depois eis uma outra maravilha. Uma nuvem de sombra e de luz desceu do céu e nos envolveu. Da nuvem saiu uma voz: – Eis meu Filho. Escute-o.

Deus nos havia falado: exatamente a nós, como a Moisés sobre o Sinai, como aos grandes profetas! Como tinha vindo, a nuvem desapareceu. Não estavam mais ali nem Moisés e nem Elias. Jesus, ao contrário, permanecia sempre ali conosco. O seu rosto estava ainda luminoso, mas agora podíamos olhá-lo sem nos ferir os olhos.
– Não diga a ninguém o que viram – ordenou-nos.
– Por que, Mestre? – perguntamos. – Por que não podemos dizer a ninguém que o vimos na glória de Deus?
– Primeiro é preciso que eu ressuscite dos mortos.
Descemos em silêncio, meditando aquelas misteriosas palavras. Enquanto atravessávamos a Galileia, mais de uma vez Jesus nos repetiu: – Serei entregue às mãos dos homens e serei morto, mas depois de três dias ressuscitarei.
Eu olhava Pedro, olhava João e sobre os seus rostos lia os mesmos pensamentos que se agitavam na minha cabeça: "Era melhor permanecer no monte, na luz, do que se dirigir a Jerusalém para lá morrer". E outras dúvidas ainda nos assaltavam, perguntas sem respostas: pode talvez morrer o Filho de Deus? Pode apagar-se a luz? Mas ninguém ousava pedir-lhe explicações.

Tiago é conhecido como "o maior", para distingui-lo de um outro discípulo que tinha o mesmo nome. Ele e seu irmão João, os dois pescadores, são os primeiros a seguir Jesus. O rei Herodes Agripa iria mandar decapitar Tiago no ano 44.

O episódio a que assistem Tiago, Pedro e João é chamado "Transfiguração" porque diante de seus olhos Jesus muda de figura, transforma-se. Permanece sempre ele, ao mesmo tempo Deus e homem, mas a natureza divina se manifesta com tal força que esconde por um instante a aparência humana.

Qual é o monte em cima do qual aconteceu a Transfiguração? O Evangelho não o especifica. Provavelmente é o Tabor, porque Jesus e os seus discípulos estavam atravessando a Galileia, e o Tabor é o ponto mais elevado dessa área, do qual se vê toda a planície.

As vestes de Jesus tornam-se tão alvas que resplandecem. Só os anjos têm vestes assim. Para reforçar que aquilo que veem é algo sobre-humano, o evangelista especifica: "Lavadeiro nenhum na face da terra poderia torná-las tão brancas".

A nuvem luminosa que envolveu Jesus e os discípulos é a presença de Deus, que guia e protege. Exatamente como havia acontecido muitos séculos antes, quando havia guiado pelo deserto os hebreus, que não queriam mais ser escravos dos egípcios.

Moisés e Elias representam o Antigo Testamento: um representa a Lei, o outro representa os profetas. Ou seja, as duas maneiras que Deus escolheu para falar aos homens, antes de enviar Jesus.

Hosana ao filho de Davi!

Mesmo que em Jerusalém tivesse muitos inimigos, Jesus decidiu ir assim mesmo, para festejar ali a Páscoa junto com os seus discípulos.

Quando chegaram próximo da cidade, mandou adiante dois discípulos para tomar um jumentinho. Disseram ao dono: "O Senhor precisa dele, mas o devolverá logo depois".

Na garupa do asno, Jesus entrou em Jerusalém e o povo, que sabia da sua chegada, corria para estender os mantos na estrada, e também ramos cortados das árvores. Logo se formou um longo cortejo e todos cantavam:

– Hosana ao filho de Davi! Bendito aquele que vem em nome do Senhor. Hosana no alto dos céus!

Os fariseus não aprovavam isso e disseram a Jesus: – Faça com que se calem.

Mas Jesus replicou: – Se as pessoas calarem, as pedras clamarão.

Filipe
do evangelho de João 13 e Mateus 26,14-56

Durante a última Páscoa que festejamos juntos, Jesus fez uma coisa que deixou a todos de boca aberta: levantou-se da mesa, vestiu um avental, pegou uma toalha e começou a lavar-nos os pés. Essa é uma tarefa feita por escravos.

– Você não me lavará nunca os pés! – protestou Pedro.

– Se não lavar os seus pés, não participará da minha glória.

– Então não me lave somente os pés, mas também as mãos e a cabeça! – exclamou Pedro.

– Entendeu o que é que eu estou fazendo? – perguntou-nos Jesus. – Eu, o seu Mestre, lavo os seus pés. Depois, também vocês devem lavar os pés um do outro, isto é, amar uns aos outros, assim saberão que são meus discípulos.

Estava comovido, mas também um pouco triste.

– Um de vocês vai me trair. É aquele a quem eu oferecer este pedaço de pão – disse, e ofereceu o pão a Judas Iscariotes.

– Aquilo que deve fazer, faça logo! – exclamou, e Judas saiu noite adentro.

– Não se perturbe o seu coração – reafirmou-nos Jesus. – Eu vou para preparar a vocês um lugar na casa de meu Pai. Se me amam, observem os meus mandamentos. Quem crê em mim fará aquilo que eu fiz, e também obras maiores.

Era um discurso difícil. Jesus viu os nossos rostos perplexos e acrescentou:
– Não se preocupem. Mandarei o Espírito Santo, que ensinará a vocês todas as coisas.
Terminada a ceia, cantamos os salmos e depois seguimos Jesus para o Jardim das Oliveiras.
– Orem comigo – pediu Jesus.
Os nossos olhos, porém, não conseguiam permanecer abertos, e as cabeças pendiam: um sono de chumbo nos fechava as pálpebras e o coração. De maneira imprevista o escuro foi iluminado por tochas, gritos, rumores de armas: eram os guardas, junto com Judas.
– A quem procuram? – perguntou Jesus.
– Jesus, o Nazareno!
– Sou eu.
Pedro tinha uma espada e a tirou da bainha, mas Jesus disse: – Guarde a espada: não devo beber o cálice que o Pai me deu?
Prenderam-no e o arrastaram estrada afora.
Voltou-se por um instante para olhar a mim. Nos seus olhos eu li a resposta à pergunta que ainda não lhe havia feito: – Sim, lavar os pés uns dos outros significa dar também a vida pelos homens, seus irmãos.

Jesus e os seus discípulos estavam reunidos para festejar a Páscoa no Cenáculo. Segundo o costume hebraico, comiam o cordeiro, o pão sem fermento e as ervas amargas, para recordar a fuga do Egito e o fim da escravidão.

Por que Judas traiu Jesus? Talvez porque se tinha desiludido. Judas pensava que Jesus iria revolucionar o povo contra os invasores romanos. Judas queria a guerra, mas Jesus veio à terra para trazer a paz e o amor.

Filipe pede a Jesus: – Mostra-nos o Pai. Jesus se admira: – Por que me pedes isso? Quem me vê, vê o Pai; nós somos o mesmo e o demonstram a você os milagres que eu faço.

Judas saudou Jesus com um beijo, conforme o costume oriental. Assim indicava aos guardas quem deviam prender. Os discípulos, assustados, fugiram todos.

Judas, deixando o Cenáculo, foi procurar os sumos sacerdotes e perguntou: – Quanto vocês irão me dar se eu disser onde podem capturar Jesus? Obteve trinta moedas de prata, o preço de um escravo.

O cálice que Jesus devia beber era a dor e a morte na cruz. Jesus sabia muito bem o que o aguardava, mas estava pronto para oferecer a vida pelos seus discípulos e por todos.

A Eucaristia

Durante a última ceia que compartilhou com os seus discípulos, Jesus tomou o pão, abençoou-o, partiu e o distribuiu.
– Tomem, isto é o meu corpo – disse Jesus.
Depois levantou o cálice com o vinho e disse: – Este é o meu sangue, derramado pela salvação dos homens.
Os discípulos fizeram com que o cálice passasse de um ao outro e todos beberam dele um pouco. Todavia não entenderam bem as palavras do seu Mestre: como pode o vinho tornar-se sangue? E o pão é pão, água e farinha: onde está o corpo de Jesus?
Nesta noite Jesus instituiu a Eucaristia, o modo pelo qual estará sempre próximo dos seus discípulos mesmo depois que tiver voltado para o céu. Ainda hoje os cristãos durante a missa revivem aquela ceia cada vez que o sacerdote consagra o vinho e o pão e repete: – Eis o corpo e o sangue de Jesus.

Pilatos
do evangelho de João 18,28-40 e 19,1-16

Eu procurei libertar Jesus. Estava claro que ele era inocente, mas para entregá-lo a mim tinha-se movimentado o Sinédrio quase inteiro.
– De que o acusam? – perguntei.
– Se não fosse um malfeitor, não o teríamos trazido até você – responderam.
– Vocês mesmos o julgam, segundo a sua lei – desabafei eu.
Não queria intrometer-me nas suas questões religiosas.
– Nós não podemos condenar ninguém à morte – fizeram-me saber.
E assim como queriam Jesus morto, precisei condená-lo eu. Interroguei-o.
– É você o rei dos judeus? – perguntei para Jesus.
– O meu reino não é deste mundo – respondeu-me.
– Então verdadeiramente você é rei?
– Eu sou rei. E vim ao mundo para trazer a verdade.
Já se ouviu alguma vez dizer que um rei se preocupava com a verdade? E o que é a verdade?
Aquele coitado era um maluco.

Eu disse claramente: – Não encontro nele nenhuma das culpas de que o acusam.
E depois fiz uma proposta: – É costume que pela Páscoa eu liberte para vocês um prisioneiro: libertarei o rei dos judeus.
– Ele não! – gritaram. – Liberte Barrabás.
Barrabás era um bandido.
Era muito melhor pôr em liberdade um sonhador não perigoso. Ordenei que flagelassem Jesus e depois o mostrei à multidão.
– Vejam ele, eu o castiguei bastante.
Elevou-se uma gritaria: – Crucifique-o! Crucifique-o!
– Devo pregar na cruz o seu rei? – interroguei.
Os sumos sacerdotes avisaram-me: – O nosso único rei é o imperador. Se você libertar este, não é amigo do imperador.
Então o acusado era eu; e era uma acusação grave. Se chegasse a Roma um boato semelhante, a minha carreira estaria terminada. Então entreguei Jesus para que o crucificassem.

O Sinédrio era composto por 70 membros escolhidos entre as famílias com maior destaque social: eram todos sacerdotes e doutores da Lei. Como chefe deles estava o sumo sacerdote, que no tempo de Jesus era Caifás. O Sinédrio tinha os seus guardas e podia condenar a todas as penas, mas não à morte.

Nas províncias do império, só o governador romano podia pronunciar uma condenação à morte. O julgamento de Pôncio Pilatos, portanto, é fundamental para o destino de Jesus.

Pôncio Pilatos era procurador da Judeia. Era ele que governava em nome do imperador. Permaneceu na Judeia do ano 26 ao ano 36 d.C., quando foi chamado a Roma. Haviam se queixado dele, efetivamente, porque era muito cruel.

O evangelista Mateus narra que a mulher de Pilatos lhe pediu que não condenasse Jesus, porque era um homem justo: tinha-lhe sido revelado durante um sonho.

Pôncio Pilatos ditou a inscrição que devia ser colocada na cruz para que se soubesse o motivo da condenação: "Jesus Nazareno, rei dos judeus".
Em latim as iniciais destas palavras formam a sigla I.N.R.I. que se encontra em muitíssimas representações artísticas da morte de Jesus.

O evangelista Mateus narra também que Pilatos, para mostrar a todos que não queria ser o responsável pela condenação de Jesus, fez que lhe levassem água e lavou em público as suas mãos.

O reino dos céus

– Você é rei? – perguntou a Jesus o atônito Pilatos.
E Jesus respondeu: – Sim, eu sou rei. Mas o meu reino não é aqui, na terra. Sou rei no reino dos céus.
O que é o reino dos céus?
É o amor de Deus que Jesus veio trazer à terra, é o seu Evangelho, é a sua salvação para todos os homens.
Jesus narra muitas parábolas para explicá-lo:
O reino dos céus é como um pouco de fermento que uma mulher acrescenta à farinha para fazer o pão. Basta um pouco para fazer crescer toda a massa.
O reino dos céus é como uma pérola muitíssimo preciosa que o comerciante, quando a encontra, vende tudo o que tem, para comprá-la.

O reino dos céus é semelhante a um tesouro escondido num campo. Quem o encontra vende todos os seus bens, e depois volta e compra precisamente aquele campo.
O reino dos céus é também como uma rede lançada ao mar, que apanha peixes bons e peixes ruins. Os pescadores colocam os bons nos cestos e jogam fora os ruins.
O reino dos céus pode ser comparado a um grãozinho de mostarda. É a menor de todas as sementes, mas se transforma em uma árvore tão grande que os passarinhos fazem os ninhos em seus ramos.

João evangelista
do evangelho de João 19,25-42

Fui um dos primeiros a seguir Jesus e o meu Mestre não abandonei nunca. Eu estava com ele também quando o pregaram na cruz.
Estávamos ali apenas eu, Maria, sua mãe, Maria Madalena e outras duas ou três mulheres. E também os soldados romanos, encarregados da execução. Jesus me viu. Estava todo sujo de sangue, coberto de ferimentos. Mas os seus olhos eram límpidos, cheios de luz e de amor, como sempre.
– Eis sua mãe – disse-me, referindo-se a Maria.
E a ela: – Eis seu filho.
Depois não disse mais nada. Só, pouco antes de morrer, murmurou: – Tenho sede.
Os que passavam por ali escarneciam dele. Escribas e sumos sacerdotes gritavam:
– Você que é o Filho de Deus, o rei de Israel, salve a você mesmo, se for capaz!
Eu sentia meu sangue ferver nas veias. Porque também depois de tantos meses passados junto com ele, depois de tantos passos dados ao seu lado pelas estradas da Palestina, ainda não havia compreendido que a salvação que Jesus tinha vindo trazer passava exatamente por aquela cruz.

Tudo já estava cumprido. José de Arimateia veio com a permissão de Pilatos: podíamos tirar o cadáver da cruz e dar-lhe sepultura, rapidamente, antes do pôr do sol. Os soldados, para ficarem com a certeza de que Jesus de fato estava morto, transpassaram com uma lança o seu peito. Do seu lado saiu um último fluxo de sangue. Jesus o havia derramado todo até a última gota. A minha mente perturbada estava confusa, cheia de dor, rancor, até mesmo alívio, porque tudo tinha acabado.
O meu Mestre não existia mais. Eu estava sozinho. Jesus nos havia avisado:
– Para onde eu vou, vocês não podem seguir-me.
Mas nos havia também dito: – Estarei com vocês até o fim do mundo.
No meio da dor, da solidão, do rancor, brilhava a esperança.

João tem um caráter forte. É corajoso, mas também muito impulsivo: até mesmo Jesus chamou a ele e a seu irmão Tiago de "filhos do trovão".

Uma vez, quando uma cidade dos samaritanos não haviam querido acolher Jesus e os seus discípulos, João propôs:
– Façamos descer do céu um fogo para queimar a todos.
Mas Jesus não quis; antes, censurou-o e se dirigiu para uma outra cidade.

Depois da morte de Jesus, João levou Maria para sua casa. Daquele momento em diante Maria tornou-se a Mãe de todos os discípulos e de todos os cristãos.

O evangelista Lucas conta que Jesus, no Calvário, proferiu também outras palavras. Um dos malfeitores que foi crucificado com ele escarnecia: – Se é o Filho de Deus, salve a você mesmo e também a nós.
O outro, ao contrário, lhe pediu:
– Lembre de mim, quando entrar no seu reino.
Para ele Jesus prometeu: – Hoje estará comigo no paraíso.

A Bíblia

João permanecerá sempre fiel a Jesus e testemunhará com coragem os ensinamentos do seu Mestre e tudo o que viu nos anos que passou junto dele.
Por causa disso foi aprisionado, açoitado, trancado no cárcere... Mas um anjo libertou a ele e a Pedro, e os dois continuaram a pregar o Evangelho.
Tudo isso é narrado pelos Atos dos Apóstolos, escritos que contam tudo o que fizeram os apóstolos depois que Jesus retornou para os céus.
O autor dos Atos dos Apóstolos é o evangelista Lucas. João foi depois mandado para o exílio na ilha de Patmos; ali teve visões que narrou em um livro chamado Apocalipse. A ele são atribuídas também três Cartas endereçadas às primeiras comunidades cristãs.
Outras Cartas foram escritas por Paulo (14), por Tiago (1), por Pedro (2) e por Judas (1).
Os Evangelhos (4), os Atos dos Apóstolos (1), o Apocalipse (1) e as Cartas (21) são os 27 livros que formam o Novo Testamento, os quais somados aos 46 escritos do Antigo Testamento compõem a Bíblia.

Maria Madalena
do evangelho de João 20,11-18

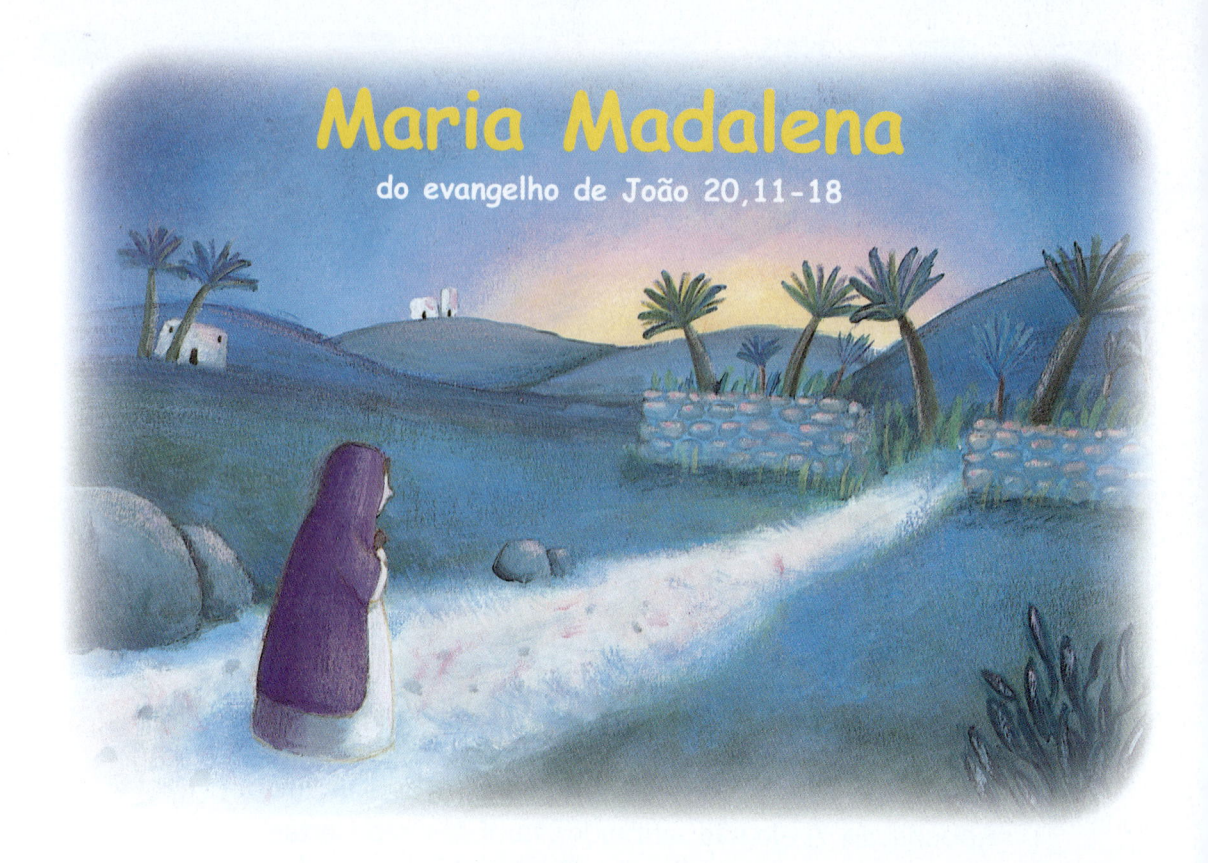

No primeiro dia depois do sábado fui ao sepulcro de madrugada; era noite ainda e tudo estava escuro ao redor de mim e dentro de mim. Apertava ao peito os frascos com o perfume para o meu Mestre.
Tinham-no sepultado de maneira apressada! Eu lembrava bem onde estava o sepulcro no qual o colocaram: um sepulcro novo, escavado na rocha, dentro de um jardim. Depois colocaram uma pedra, para fechá-lo. Uma pedra enorme!
– Como farei para removê-la? – perguntava-me eu, e sentia que ela me pesava sobre o coração, aquela pedra enorme que aprisionava o meu Senhor.
Quando cheguei ao jardim, a luz rosada do alvorecer revestia todas as coisas: árvores, grama, pedras... De maneira imprevista a terra começou a tremer e eu caí por terra. Mas os frascos não se quebraram, porque os tinha bem apertados contra meu peito: eram preciosos, eu havia adquirido o perfume mais raro. Quando me levantei, vi que a grande pedra tinha sido removida. Arrastei-me para dentro do sepulcro.

Estava vazio! Quem havia roubado Jesus?
Saí e olhei ao redor. Havia alguém, mas não o vi bem, porque tinha os olhos cheios de lágrimas.
"É o guarda do jardim", pensei.
– Senhor – supliquei-lhe –, se foi você quem o levou embora, diga onde colocou o meu Mestre e eu irei buscá-lo. Peço, por favor!
– Maria!
Era a sua voz, a voz de Jesus.
– Mestre! – gritei, e fiz o gesto de pegá-lo pela veste.
– Não – disse-me ele –, não me retenha. Vá até os meus discípulos e anuncie-lhes que eu ressuscitei e subo para o meu Pai e seu Pai.
Sim, era preciso dizer logo aos outros: Pedro, João... todos!
Os meus pés voavam sobre as pedras do caminho. O sol já brilhava alto e tudo era luz e alegria. Deixei cair os frascos: não me serviam mais para nada. Porque o meu Senhor está vivo! Eu o vi e a todos repito: Jesus ressuscitou!

Cléofas
do evangelho de Lucas 24,13-35

Voltávamos para a nossa cidade, Emaús. Por que permanecer ainda em Jerusalém? Jesus morreu e foi sepultado. Algumas mulheres haviam falado de anjos vestidos de luz que diziam que Jesus tinha ressuscitado. Pedro e João tinham ido ao sepulcro e repetiam que o haviam encontrado vazio. Exatamente disso estávamos falando, enquanto caminhávamos.

– Alguém deve ter levado embora o corpo – dizia eu.

– O sepulcro estava fechado por uma pedra muitíssimo pesada – replicava o meu companheiro.

– Uma pedra, assim como se coloca, se tira.

Parávamos a toda hora, sempre ocupados com nossa discussão.

Um viajante aproximou-se de nós.

– De que estão falando, com tanta impetuosidade? – perguntou-nos.

– De Jesus, o Nazareno – respondemos-lhe.

Olhou-nos admirado.

Também eu fiquei pasmo: – Você deve ser estrangeiro para não saber o que sucedeu em Jerusalém. Crucificaram um grande profeta. Nós esperávamos que fosse ele quem libertaria Israel... e foi bem o contrário!

Então o viajante explicou-nos todas as Escrituras, começando por Moisés, nas quais se fala que o Cristo deve sofrer, antes de entrar na glória.
Durante quanto tempo falou? Nós o escutávamos e o meu coração batia de emoção no peito. Chegamos a Emaús sem nem mesmo nos termos apercebido disso. Ele queria prosseguir.
– Não, fique aqui conosco – dissemos-lhe. – Já é noite.
Aceitou. Sentamo-nos à mesa para a ceia. Tomou o pão, partiu-o e o ofereceu a nós. Já havíamos visto aqueles gestos.
Olhamos para ele e foi como se dos nossos olhos despencasse um véu. Era Jesus. Era verdadeiramente Jesus, não havia mais dúvida.
– Perdoe os nossos olhos cegos! – exclamei.
– Mas o meu coração o havia reconhecido – acrescentou o meu companheiro –, e me ardia o peito, quando nos explicava as Escrituras.
Não esperamos nem mesmo o amanhecer. Partimos imediatamente para Jerusalém. Estávamos ansiosos pelo momento de dizer a Pedro e aos outros que havíamos visto Jesus e o havíamos escutado e tocado.
Jesus ressuscitou e nós somos testemunhas.

Emaús era uma aldeia pouco distante de Jerusalém: 60 estádios, isto é, pouco mais de dez quilômetros.

Quem eram os dois discípulos que caminhavam para Emaús?
O Evangelho nos diz o nome de apenas um dos dois: Cléofas.
É a abreviatura de Cleópatro, um nome grego que significa "louvor do pai".

Aquilo que os olhos e a mente não conseguiam ver o coração dos dois discípulos já havia intuído e queimava pela alegria de ter próximo Jesus.

Cléofas e o seu companheiro, voltando rapidamente para Jerusalém, narravam o que aconteceu, quando Jesus apareceu no meio deles.
– Sou eu! – disse.
Depois de ter afastado as dúvidas deles, manda-os pelo mundo, como testemunhas do Evangelho.

Quando Jesus abençoou o pão e o ofereceu, abriram-se finalmente os olhos dos discípulos: diante deles estava o Messias, que dá a sua vida pela salvação dos homens.

O juízo final

– Eu voltarei no fim do mundo – prometeu Jesus aos seus discípulos. – Sentarei em um trono circundado pelos anjos e julgarei todos os homens. Separarei os bons dos maus, como um pastor que separa as ovelhas e as cabras.
Aos bons direi: – Venham benditos do meu Pai, entrem no meu reino. Porque eu tive fome e me deram de comer; tive sede e me deram de beber; eu estava sozinho, doente, estrangeiro e me ajudaram.
Os bons replicarão: – Nós nunca o vimos com fome, com sede, doente...
Então eu lhes explicarei: – Tudo aquilo que tiverem feito por um irmão em dificuldades, o haverão feito para mim.
E aos maus direi: – Vão para longe de mim, porque tive fome e não me deram de comer; tive sede e não me deram de beber; tive frio e não me vestiram; eu estava triste, estive preso...
– Não é verdade! – replicarão os maus. – Nunca o vimos assim.
– Toda vez que vocês se esquecem dos seus irmãos em dificuldade, se esquecem de mim. Por isso não entrarão na vida eterna.
Jesus repetiu muitas vezes: Deus é nosso Pai. Então todos os homens são nossos irmãos, e entre irmãos todos se querem bem e se ajudam.

Tomé
do evangelho de João 20,24-29

Eu sou um bocado duro de entendimento, admito; até mesmo um pouco desconfiado. Mas quero entender bem aquilo que está acontecendo ao meu redor. Durante os três anos que passamos juntos, quando Jesus falava, às vezes era tudo muito simples, e às vezes era um grande mistério.
Um dia Jesus disse: – Vou-me embora para preparar um lugar para vocês, para estarem todos juntos, e o lugar para onde eu vou também vocês conhecem o caminho.
A mim não parecia muito claro; e nem mesmo para Pedro, Tiago, Mateus... porque ficamos todos admirados. Todos permanecemos quietos. E eu, por meu turno, falei: – Senhor, se não sabemos para onde vai, como podemos conhecer o caminho?
E Jesus disse: – Eu sou o caminho, a verdade e a vida.
Então compreendi: uma pessoa que segue Jesus, sabe que está no caminho certo.
Eu segui Jesus também quando era perigoso fazer isso. Quando nos disse "Vou para Jerusalém", todos o desaconselharam: – Os judeus há pouco tempo o queriam apedrejar, e agora você quer voltar para a Judeia?
Mas eu disse: – Vamos também nós para morrer com ele.
Teria dado a vida pelo meu Mestre. Mas quando o crucificaram, eu fugi como os outros. Como todos. Então, por que Jesus apareceu aos outros e não a mim?

Na tarde do primeiro dia depois do sábado, disseram-me: – Jesus entrou nesta sala, com as portas fechadas, e falou conosco.
– Era um fantasma – disse eu.
– Era exatamente ele, o Senhor – insistiram eles, mas eu não me deixei convencer.
– Se eu não vir os sinais dos pregos, se não colocar minha mão nas suas chagas, não acreditarei.
Oito dias depois estava também eu em casa.
E eis que vem Jesus: – A paz esteja convosco!
Aquela era sua voz!
– Tomé, veja e me toque. Não seja mais incrédulo, mas acredite.
– Meu Senhor e meu Deus! – gritei eu.
As palavras me brotaram do coração como um jato de água impetuosa e fresca, uma água que lava todas as dúvidas e todos os medos.
– Porque me vê acredita – disse-me Jesus. – Bem-aventurados aqueles que creem mesmo sem nunca terem visto.
Bem-aventurados, sim. Mas precisarão agradecer também a mim, porque os meus olhos desconfiados viram também por eles. E os meus lábios já convencidos encontraram as palavras da fé e do louvor.

"Tomé" vem de uma palavra aramaica que quer dizer "gêmeo", em grego "dídimo". Talvez fosse um sobrenome, e o discípulo, na realidade, se chamasse Judas.

Jesus apareceu aos discípulos na tarde do domingo e também depois de uma semana quando estão de novo reunidos.
Desde os tempos dos primeiros cristãos, o domingo é "o dia do Senhor" em que os fiéis todos juntos se reúnem.

Tomé encontrou Jesus uma outra vez ainda, a última, à beira do lago de Genesaré, de onde saiu para pescar com Pedro e outros discípulos. Comeram juntos pão e peixe assado.

Tomé é um dos apóstolos, dos doze que Jesus escolheu, para permanecer sempre com ele: para pregar o Evangelho, para curar os doentes, para expulsar os demônios.
Apóstolo significa "enviado", "mandado".

A tradição ensina que Tomé pregou o Evangelho na Síria e depois na Índia, onde morreu no ano 67 d.C., atravessado por uma lança ou talvez por uma espada. O seu túmulo é venerado em Mailapur, na Índia.

A parábola do semeador

Jesus disse aos seus discípulos:
– Vão e procurem produzir muito fruto.
E uma vez mais narrou uma parábola:
"O semeador lançou a semente e uma parte caiu sobre os caminhos; foi pisada ou comida pelos pássaros. Outra parte caiu entre as pedras e brotou, mas logo secou. Uma outra parte caiu no meio dos espinhos e os espinhos sufocaram as plantinhas. Uma parte, enfim, caiu sobre terra boa, cresceu e tornou-se espigas bem granadas".

Os seus discípulos não entenderam bem, então Jesus explicou: a semente é a palavra de Deus. As sementes que caíram nos caminhos são aqueles que a ouviram, mas não conseguiram retê-la nos seus corações. As sementes que caíram entre as pedras são aqueles que se deixam vencer pelas tentações. As sementes que caíram entre os espinhos são os que se deixam sufocar pelas preocupações materiais e pelas riquezas. As sementes caídas em terra boa são aqueles que escutam a palavra de Deus e a colocam em prática sempre, sem cansar-se.

Matias
do livro dos Atos dos Apóstolos 2,1-13

Estávamos reunidos, nós, os discípulos de Jesus, em uma grande casa, em Jerusalém. Ali nos reunimos todos para passar juntos a festa das Semanas, mas não tínhamos vontade de festejar e nem mesmo de falar. Havia se apossado de nós uma estranha impaciência; aguardávamos alguma coisa, sem saber exatamente o quê. Como quando está para desabar um temporal e o ar se detém, mas já carregado de tempestade.

De improviso, um trovão! Não era a tempestade. Era um vento impetuoso, que inundou a casa e nos envolveu com seu sopro poderoso. Sentimos aquele vento na pele, e depois no corpo, até mesmo dentro da alma.

O vento expulsou de nós os medos, as dúvidas, as desilusões...
Libertou-nos o coração e a mente e nos encheu com uma força nova, desconhecida. E depois veio também o fogo. Línguas de fogo que se dividiam e vinham pousar sobre a cabeça de cada um de nós.

Era fogo que não consumia: era luz, era paz, era a voz de Jesus que nos falava como sempre havia feito; e nós nesse momento entendemos tudo. E assim também nós começamos a falar. Até mesmo a gritar. Saímos dali e proclamamos que Deus ama os homens e mandou seu Filho para dizê-lo e para salvar-nos todos, todos mesmo...

Encontravam-se então em Jerusalém pessoas que vinham de toda parte do mundo. Muitos, ouvindo o trovão, tinham corrido para onde estávamos. Nós proclamávamos a grande notícia e eles entendiam!

E se admiravam: – Mas como? Somos egípcios, cretenses, árabes, romanos, e, no entanto, cada um de nós ouve anunciar na própria língua os grandes feitos de Deus!

E nos perguntavam: – O que significa tudo isto?

Alguns, por sua vez, escarneciam: – São ainda nove horas da manhã e já estão embriagados?

Mas o vinho nada tinha a ver com aquilo. A verdade é que Jesus mandou o Espírito Santo, como havia prometido. Está aqui, perto de nós, para fazer crescer o reino dos céus sobre a terra.

O nome Matias é uma forma abreviada de Matatias, que significa "presente de Javé".

Matias ocupou o lugar de Judas, e assim os apóstolos serão sempre doze. Houve quem em vez de Matias sugeriu que se escolhesse um outro discípulo, José. Depois de haver orado, lançaram as sortes e o sorteado foi Matias.

Na festa das Semanas os hebreus recordavam a entrega a Moisés das duas tábuas da Lei com os dez mandamentos no monte Sinai, quando também manifestaram-se o vento e os raios, sinais da presença de Deus.

A festa das Semanas chamava-se assim porque se realizava sete semanas depois da Páscoa. A palavra grega Pentecostes quer dizer "cinquenta dias".
Sete semanas são de fato quarenta e nove dias: no quinquagésimo se comemora a festa.

Muitos entre aqueles que escutaram os discípulos creram nas suas palavras e cerca de três mil pediram para ser logo batizados.

Jesus havia prometido:
– Eu deixarei vocês, mas mandarei o Espírito Santo, que estará sempre com vocês para os ajudar e iluminar.

Como as crianças

Um dia a mãe de Tiago e João aproximou-se de Jesus e lhe disse:
– Eu gostaria que os meus filhos se sentassem um à sua direita e outro à sua esquerda, no seu reino.
Os discípulos sentiram-se ofendidos por aquele pedido: Tiago e João se achavam melhores que os outros?
Jesus, porém, disse: – Os chefes das nações reinam e comandam, mas entre vocês não deve ser assim. O maior é aquele que serve os seus irmãos, porque também eu vim para servir os homens e para dar a minha vida por eles.
Chamou uma criança, e indicou-a aos discípulos e disse:
– Para entrar no reino dos céus é preciso tornar-se pequenino e simples como as crianças.

Índice do Antigo Testamento

Adão e Eva no paraíso terrestre
(do livro do Gênesis, capítulos 2 e 3)
05

Noé e o dilúvio
(do livro do Gênesis, capítulos 6 a 9)
10

Abraão na terra prometida
(do livro do Gênesis, capítulos 11 a 22)
16

O sonho de Jacó
(do livro do Gênesis, capítulos 25 a 33)
22

José e os seus irmãos
(do livro do Gênesis, capítulos 37 a 50)
28

Moisés liberta o seu povo
(do livro do Êxodo, capítulos 1 a 13)
34

Moisés recebe os mandamentos
(do livro do Êxodo, dos Números e do Deuteronômio)
40

Josué na terra prometida
(do livro de Josué, capítulos 1 a 24)
46

Sansão contra os filisteus
(do livro dos Juízes, capítulos 13 a 16)
49

Rute, a estrangeira
(do livro de Rute)
52

Davi torna-se rei de Israel
(do primeiro e segundo livros de Samuel)
56

Salomão, o mais sábio dos reis
(do primeiro livro dos Reis, capítulos 1 a 12)
62

Elias, o profeta de Deus
(do primeiro e do segundo livros dos Reis)
68

Jonas, o profeta rebelde
(do livro de Jonas)
71

Judite, uma mulher corajosa
(do livro de Judite)
74

Daniel na corte de Babilônia
(do livro de Daniel)
80

Isaías anuncia o Messias
(do livro de Isaías, capítulos 1 a 12)
83

Pequeno Mapa da Terra Prometida
86

Índice do Novo Testamento

Maria
(do evangelho de Lucas 1,26-38)
90

Zacarias e Isabel
(do evangelho de Lucas 1,5-25 e 1,39-56)
93

Um pastor
(do evangelho de Lucas 2,8-20)
98

Jesus, o bom pastor
101

Os Magos
(do evangelho de Mateus 2,1-12)
102

José
(do evangelho de Mateus 2,13-23 e Lucas 2,41-52)
105

João Batista
(do evangelho de Mateus 3,1-17)
110

Pequeno mapa da Palestina
113

André
(do evangelho de João 1,35-40 e 2,1-12)
114

Os doze apóstolos
117

Pedro
(do evangelho de Mateus 14,22-34 e 16,13-28)
118

O primeiro papa
121

Mateus
(do evangelho de Mateus 9,9-13)
122

Os evangelistas
125

A natureza ao redor de Jesus:
os animais e as plantas
126

Zaqueu
(do evangelho de Lucas 19,1-10)
128

Uma sociedade complexa
131

A Samaritana
(do evangelho de João 4,1-42)
132

A parábola do Samaritano
135

Jairo
(do evangelho de Marcos 5,21-24 e 5,35-43)
136

Jesus cura os doentes
139

Marta
(do evangelho de Lucas 10,38-42)
140

Quantas vezes preciso perdoar?
143

O jovem rico
(do evangelho de Marcos 10,17-22)
144

A parábola do rico insensato
147

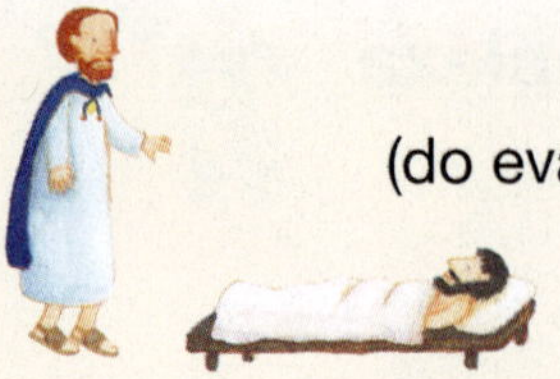

O paralítico
(do evangelho de Lucas 5,17-26)
148

A verdadeira purificação
151

Simão, o fariseu
(do evangelho de Lucas 7,36-50)
152

A oração de Jesus
155

Bartimeu
(do evangelho de Marcos 10,46-52)
156

A parábola do filho pródigo
159

Tiago
(do evangelho de Mateus 17,1-9)
160

Hosana ao filho de Davi!
163

Filipe
(do evangelho de João 13 e Mateus 26,14-56)
164

A Eucaristia
167

Pilatos
(do evangelho de João 18,28-40 e 19,1-16)
168

O reino dos céus
171

Simão, o Cirineu
(do evangelho de Marcos 15,21-33)
172

As bem-aventuranças
175

João evangelista
(do evangelho de João 19,25-42)
176

A Bíblia
179

Maria Madalena
(do evangelho de João 20,11-18)
180

A parábola dos talentos
183

Cléofas
(do evangelho de Lucas 24,13-35)
184

O juízo final
187

Tomé
(do evangelho de João 20,24-29)
188

A parábola do semeador
191

Matias
(do livro dos Atos dos Apóstolos 2,1-13)
192

Como as crianças
195

Antigo e Novo Testamento
Índice dos nomes

A

Aarão 35, 36, 39, 42, 44
Abel 9
Abraão 16, 17, 18, 19, 20, 21, 22,
27, 33, 35, 39, 46, 47, 75
Abraão (filhos de) 16
Acab 68, 69
Acaz 84
Adão 5, 6, 7, 8, 9, 10
Adonai 39
África 14
Alexandre (filho do Cireneu) 174
Alfeu 117
Ananias 82
André 114, 116, 117
Aquior 78
Ararat 14
Aser 24
Assíria 73
Azarias 82

B

Baal 68, 69, 70
Babilônia 80
Baltasar 104
Barrabás 169
Bartimeu 156, 158
Bartolomeu 117
Belém 52, 55, 56, 98, 99, 100,
102, 106, 108
Benjamim (filho de Jacó) 24, 31
Bejamim (tribo de) 56
Betânia 140, 141
Betel 23
Betesda (piscina de) 150
Betsabé 59
Betsaida 117
Betúlia 74, 75, 76, 77
Booz 53, 55

C

Cafarnaum 124
Caifás 170
Caim 9
Calvário 174, 178
Cam 10, 14
Caná 115
Canaã 16, 25, 46, 47
Carmelo (monte) 69
Cirene 174
Cléofas 184, 186
Cleópatro 186
Crânio (monte do) 172, 174

D

Dã 24
Dalila 49, 50
Daniel 80, 81, 82
Dario 81
Davi 53, 56, 57, 58, 59, 60, 61, 62,
64, 66, 84
Davi (filho de) 56, 60, 102, 156,
158, 163
Dionísio o Mínimo 104

E

Éden 5
Egito 29, 30, 31, 33, 34, 35, 36,
38, 39, 40, 41, 42,
48, 78, 107, 108, 166
Elias 68, 69, 70, 121, 160, 162
Elimelec 52, 53
Eliseu 69, 70
Emanuel 84
Emaús 184, 185, 186
Esaú 22, 23, 25, 26
Eufrates (rio) 14, 20

Etiópia 124
Eva 5, 6, 7, 8, 9, 10

F

Filipe 117, 164, 166

G

Gabriel 21, 51, 93, 95, 96
Gad 24
Galileia 92, 96, 115, 123, 146, 161, 162
Garizim (monte) 134
Gaspar 104
Gaza 49
Genesaré (lago de) 118, 124, 126, 136, 182, 190
Gessém 33
Gilgamesh 14
Golfo Pérsico 87
Gólgota 174
Golias 57, 58, 61
Grécia 116

H

Harã 23, 24, 27
Herodes 102, 103, 104, 107, 108, 121
Herodes Agripa 162
Herodes Antipas 104
Herodes o Grande, ver Herodes.
Holofernes 74, 76, 77, 78

I

Índia 190
Isaac 16, 18, 19, 20, 21, 22, 35
Isabel 91, 93, 95, 96, 97
Isaías 83, 84, 85
Israel 25, 67, 92, 95, 96, 102, 107
Israel (reino de) 39, 41, 45, 47, 52, 53, 56, 57, 58, 59, 62, 63, 65, 66, 68, 70, 73, 83, 84, 95, 120
Issacar 24

J

Jaboc 27
Jacó 22, 23, 24, 25, 26, 27, 28, 29, 31, 32, 33, 35, 132, 134
Jacó (poço de) 134
Jafet 10, 14
Jairo 136, 138
Javé 39, 194
Jeremias 121
Jericó 47, 48, 128, 129, 135, 156, 158
Jeroboão 65
Jerônimo (santo) 8
Jerusalém 21, 58, 60, 64, 65, 66, 67, 74, 76, 80, 96, 102, 103, 105, 107, 109, 118, 121, 126, 127, 134, 135, 146, 158, 161, 163, 172, 173, 174, 184, 186, 188, 192, 193
Jessé 53, 56, 57, 60
Jesus 51, 54, 60, 67, 82, 85, 92, 100, 101, 104, 105, 106, 108, 109, 110, 111, 112, 115, 118, 119, 120, 121, 123, 124, 125, 126, 127, 128, 129, 130, 131, 133, 134, 135, 136, 138, 139, 140, 141, 142, 143, 144, 145, 146, 147, 148, 149, 150, 151, 152, 153, 154, 155, 156, 157, 158, 159, 160, 161, 162, 163, 164, 165, 166, 167, 168, 169, 170, 171, 172, 173, 174, 175, 176, 178, 179, 181, 182, 183, 184, 185, 187, 188, 189, 190, 191, 192, 193, 195
Jezabel 68
João 93, 95, 96, 110, 111, 112, 114, 121, 152, 174, 176, 178, 179, 181, 184, 195
João Batista, ver João.
João (irmão de Tiago), ver João Evangelista.
João e Tiago (filhos do trovão) 117, 138, 178
João Evangelista 112, 125, 160, 161, 162
Jonas 71, 72, 73
Jordão (rio) 46, 48, 110, 114, 146
José (filho de Jacó) 24, 28, 29, 30, 31, 32, 33
José (discípulo) 194
José (esposo de Maria) 91, 92, 100, 106, 108, 109
José de Arimateia 177, 182
Josué 46, 47, 48

Judá (filho de Jacó) 24
Judá (reino de) 67, 100
Judá (deserto de) 100
Judas 165, 166, 179, 190, 194
Judas Iscariotes 117, 164
Judeia 74, 96, 102, 123, 170, 188
Judite 74, 75, 76, 77, 78, 79

L

Labão 23, 24
Lázaro 138, 140, 142
Levi (filho de Jacó) 24
Levi, ver Mateus.
Lia 24, 25, 26
Líbia 174
Líbano 66
Lucas 92, 109, 112, 125, 174, 178, 179, 182

M

Maalon 52
Madalena 182
Madiã 35
Magdala 182
Mailapur (Índia) 190
Mar Cáspio 87
Marcos (evangelista).... 112, 125, 138, 174
Maria (irmã de Lázaro) 140, 142
Maria Madalena... 174, 176, 180, 181, 182
Maria (mãe de Jesus) 51, 85, 90, 92, 94, 96, 97, 100, 105, 106, 108, 109, 115, 116, 174, 176, 178
Marta (irmã de Lázaro) 140, 141, 142
Mar Vermelho 48
Matatias 194
Mateus 54, 85, 109, 112, 117, 122, 124, 131, 170, 174, 188
Matias 192, 194
Mediterrâneo 86
Melchior 104
Mesopotâmia 14, 20
Micol 58
Miguel 21, 96
Misael 82
Moab 52, 55
Moisés 34, 35, 36, 37, 38, 39, 40, 41, 42, 43, 44, 45, 46, 47, 48, 160, 161, 162, 185, 194

Morto (mar) 55

N

Nabucodonosor 74, 80, 82
Naim 138
Natã 58, 59
Nazaré 92, 94, 96, 107, 109
Nazareno, ver Jesus.
Nebo 43
Neftali 24
Nero 121
Nilo (rio) 34, 36, 38
Nínive 71, 72, 73
Noé 10, 11, 12, 13
Noêmi 52, 53, 54, 55

O

Obed 53
Orfa 52
Ozias 74, 75

P

Palestina 110, 116, 121, 134, 138, 176
Patmos (ilha) 179
Paulo 179
Pedro 116, 117, 118, 119, 121, 125, 126, 138, 143, 160, 161, 162, 165, 179, 181, 184, 185, 188, 190
Pilatos (mulher de) 170
Pilatos 168, 170, 171, 172, 177, 182
Pôncio Pilatos, ver Pilatos.
Putifar 29, 30

Q

Quelion 52

R

Rafael 21, 96
Raquel 24, 25, 26
Rebeca 22, 23
Roboão 65

Roma 100, 120, 121, 122, 169, 170
Rubem 24
Rufo (filho do Cirineu) 174
Rússia 116
Rute 52, 53, 54, 55

S

Sabá (rainha de) 65
Salomão 59, 60, 61, 62, 63, 64,
65, 66, 67
Samaria 123, 132, 133
Samuel 56
Sansão 49, 50, 51
Sara 16, 17, 18, 20
Saul 56, 58, 60
Sem 10, 14
Set 8, 9
Simeão 24
Simão Cirineu 172, 174
Simão (o fariseu) 152, 153, 154
Simão Pedro, ver Pedro.
Simão (o Zelotes) 117
Sinai 161
Sinai (monte) 42, 194
Sion 21
Siquém 47
Síria 190

T

Tabor (monte) 162
Tadeu (filho de Tiago) 117
Társis 71
Tiago (irmão de João) 117, 162, 178,
179, 188, 195
Tiago (filho de Alfeu) 117, 138
Tiago o Maior, ver Tiago (irmão de João).
Tigre (rio) 87
Timeu (filho de) 158
Tiro 86
Tomé (o incrédulo) 117, 189, 190
Turquia 14

U

Ur 16, 20
Urias 59
Uruk 87
Uruk (rei de) 14

Z

Zabulon 24
Zacarias 93, 94, 95, 96
Zaqueu 128, 129, 130